Saul Friedländer

BLICK IN DEN ABGRUND

Saul Friedländer

BLICK IN DEN ABGRUND

EIN ISRAELISCHES TAGEBUCH

Aus dem Englischen von
Andreas Wirthensohn

C.H.Beck

www.chbeck.de
Umschlaggestaltung: Kunst oder Reklame, München
Umschlagabbildung: © Gaetan Bally/Keystone Schweiz/laif
Satz: Janß GmbH, Pfungstadt
Druck und Bindung: GGP Media GmbH, Pößneck
Printed in Germany
ISBN 978 3 406 80897 5

myclimate

klimaneutral produziert
www.chbeck.de/nachhaltig

Statt einer Einleitung

Dieser Text ist, wie mein Lektor es nannte, ein «cri de cœur». Im Dezember 2022 hatte ich nicht die Absicht, etwas Neues zu schreiben, das über das hinausging, was bereits geschrieben und fast vergessen war. Doch im Januar 2023 war ich plötzlich damit beschäftigt, eine Art Tagebuch über die politischen Ereignisse in Israel zu führen, und fügte ganz instinktiv, fast assoziativ Bemerkungen, die mir in den Sinn kamen, sowie verschiedene Erinnerungen hinzu. All dies geschah spontan. In der Tat, *un cri de cœur*. Aber warum?

Ich brauchte einige Tage, um zu begreifen, dass die politische Koalition, die Benjamin Netanjahu gebildet hatte, ein Monster war – ein Ungeheuer mit Zähnen, das das liberale und demokratische Land, wie wir es kannten, zu verschlingen drohte. Es dauerte noch ein paar weitere Tage, bis mir klar wurde, dass jeder Israeli, in erster Linie diejenigen, die im Land lebten, aber auch diejenigen, die anderswo lebten und mit dem Land verbunden waren, so wie ich, ihr Möglichstes dazu beitragen mussten, das Monster zu bändigen.

Natürlich hätte ich mich auf die Zusicherungen unseres Premierministers verlassen können, dass die liberale, demokratische Ordnung, die Israel bis dahin genossen hatte, nicht ausgelöscht würde, dass er die volle Verantwortung trage und entscheide, was erlaubt sei und was nicht. Möglicherweise war das seine Absicht, als er es versprach, aber zwei Aspekte der Situation machten mich misstrauisch: Ich wusste, was politischer Fanatismus ist, und ich wusste, dass Netanjahu verzweifelt versuchte, sich von der Anklage wegen Betrugs und Bestechung zu befreien, die gegen ihn erhoben worden war und die ihn ins Gefängnis bringen könnte. Sein Bündnis mit den Fanatikern in seiner Partei und denen in seiner Koalition würde es ihm ermöglichen, das Justizsystem so weit zu untergraben, dass es der politischen Mehrheit an der Macht unterworfen wäre und er so dem Schwert, das über seinem Kopf baumelt, entgehen könnte.

Unterdessen wird einer Mehrheit der Israelis zunehmend bewusst, was auf dem Spiel steht. Sie protestieren gegen eine Minderheit messianischer Fanatiker und politischer Protagonisten eines autokratischen Regimes und stellen eine Opposition auf die Beine, die einer Gesellschaft, die viele Jahre lang träge vor sich hin zu dämmern schien, eine neue Einheit und Energie jenseits der reinen Politik verleiht. Auf Hebräisch sagt man dazu «Kol hakavod», Respekt, gut gemacht.

17. Januar 2023

Wenn man bequem in Kalifornien lebt, ist es leicht, «es reicht» zu rufen. Aber es ist für mich, mit über neunzig Jahren, unmöglich geworden, aus meiner Heimat Los Angeles nach Tel Aviv zu fliegen. Und doch können meine Frau Orna und ich an nichts anderes denken.

Eingehend studieren wir die täglichen Nachrichten auf Hebräisch: Wir sezieren sie, kauen sie, schlucken sie und erbrechen sie. Das erinnert mich an den deutschen Film *Des Teufels General*, in dem der berüchtigte Nazi-Pilot Ernst Udet irgendwann enttäuscht sagt: «Ich kann gar nicht so viel fressen, wie ich kotzen möchte.» Irgendwie ist mir der Satz, der wohl auf den Maler Max Liebermann zurückgeht, der damit die «Machtergreifung» durch die Nationalsozialisten kommentiert haben soll, über zig Jahre im Gedächtnis geblieben, und jetzt ist er, passenderweise, wieder da. (Udet hat 1941 Selbstmord begangen.)

Nun, so weit sind wir noch nicht, aber wie wird das enden? Wer hätte sich vorstellen können, dass in Israel im Jahr 2023 ein Premierminister, der drei Anklagen wegen Betrugs, Bestechlichkeit und Untreue entgehen will, mit Hilfe einer mit dünner Mehrheit regierenden ultrarechten und religiösen Koalition und eines durch und durch fügsamen Justizministers, Yariv Levin, versuchen würde, das gesamte Rechtssystem umzustürzen und damit die demokratischen Fundamente des Landes zu zerstören? Es ist zu ersten Massendemonstrationen gegen die Regierung und ihre Pläne gekommen, aber werden sie beharrlich und stark genug sein, um Netanjahu zum Einlenken zu zwingen und letztlich zu Neuwahlen zu führen? Und wenn die Koalition nicht einlenkt und keine Neuwahlen in Sicht sind, was dann?

Das Ende dieses Tagebuchs ist offen. Vorerst ist es nur meine private Chronik eines fortdauernden Dramas, das entweder zu einer Feier des Sieges der Demokratie oder zu dem Eingeständnis führen wird, dass das pulsierende Land, in dem ich jahrzehntelang gelebt und gearbeitet habe, tot ist, dass etwas anderes, etwas Unannehmbares, an seine Stelle getreten ist.

20. Januar 2023

Vor zwei Tagen entschied der Oberste Gerichtshof Israels mit einer Mehrheit von 10:1, dass Arje Deri, der Vorsitzende der Schas-Partei und Netanjahus wichtigster Verbündeter, der in seiner ultrarechten Regierung zum Innenminister ernannt wurde, aufgrund zweier früherer Verurteilungen wegen Steuerbetrugs und seines eigenen Versprechens, im Jahr 2022 kein öffentliches Amt mehr anzustreben, um eine Verurteilung wegen eines Kapitalverbrechens zu vermeiden, nicht als Minister fungieren kann. Er hat das Gericht belogen und sich in der jetzigen Koalition wieder in ein öffentliches Amt gedrängt. Wir wissen noch nicht, wie Netanjahu auf die Entscheidung des Obersten Gerichtshofs reagieren wird.

In vielerlei Hinsicht ähnelt die neue israelische Regierungskoalition den ultrarechten Regierungen im heutigen

Europa und darüber hinaus (Ungarn, Polen, Italien, Türkei) sowie dem politischen Programm der ultrarechten Republikaner (Trumpisten). Aber sie hat auch ihre besonderen Merkmale. So ist beispielsweise diese Art von Regierungen in Europa in den Händen einer wohlhabenden Oberschicht, die von der etablierten Religion, der Armee und einer Mehrheit von verblendetem «white trash» (stark nationalistisch, fremdenfeindlich und meistens antisemitisch) unterstützt wird, aber im Fall der Trumpisten nicht von «People of Color». In Israel hingegen ist Deris Partei im Wesentlichen eine Partei der «People of Color», also der Menschen, deren Familien in den 1950er Jahren aus Nordafrika und dem Nahen Osten eingewandert sind, die jahrelang in heruntergekommenen Transitlagern lebten und die untersten Ränge des Arbeitsmarkts besetzten. Und diese «Sephardim» (historisch gesehen meint das aus Spanien stammende Juden) wurden von den «Aschkenasim» (aus Deutschland und hauptsächlich aus Osteuropa stammenden Juden) verachtet.

Ich kam aus Frankreich, wohin wir 1939 aus Prag geflohen waren, nach Israel. Meine Eltern hat die Flucht nicht gerettet. Ich wurde versteckt, sie wurden gefasst und ermordet. Das israelische Dorf, in dem meine Onkel lebten und in dem ich im Juni 1948 ankam, war von deutschsprachigen tschechischen Juden bevölkert, den aschkenasischsten Aschkenasim, die man sich nur vorstellen kann: keine Religion, wenig Hebräisch und sämtliche Gewohnheiten von anno dazumal. Israel war kein Zufluchtsort, es war ein Land, das man «Heimat» nannte. Aber leider gab es in dieser neuen Heimat auch Rassismus.

Ich will das ganz deutlich formulieren: Schon bald

nach seiner Gründung, zur Zeit der massenhaften Einwanderung aus Nordafrika in den frühen 1950er Jahren, wurde Israel, bewusst oder unbewusst, zu einer rassistischen Gesellschaft: Für uns alle, die Aschkenasim, war es offensichtlich, dass diese Neuankömmlinge irgendwie minderwertig waren, natürlich nicht offiziell, nicht rechtlich – wir waren nicht Südafrika –, aber implizit, in der Praxis.

Wir waren uns freilich nicht nur unseres Rassismus gegenüber den Einwanderern aus Nordafrika kaum bewusst, sondern hatten auch ganz vergessen, dass es unter uns eine kleine arabische Minderheit gab, die am Rande des Staates, an seiner Ostgrenze, lebte und der Militärverwaltung durch die sozialistische Regierung Ben-Gurions unterstand.

Zu dieser Zeit, Ende der 1950er Jahre, arbeitete ich als politischer Sekretär von Nachum Goldmann. Goldmann war damals der Präsident des Jüdischen Weltkongresses und der Zionistischen Weltorganisation. Politisch gehörte er zur linken Mitte und unterstützte verschiedene linke Organisationen und Publikationen finanziell, wie etwa Simha Flapans Monatszeitschrift *New Outlook*. Goldmann beschloss, eine Reise in einige arabische Dörfer zu unternehmen und einige der dortigen Bürgermeister zu besuchen, um Genaueres über die Situation zu erfahren. Ich begleitete ihn. Von dem Bürgermeister, an den ich mich erinnere, wurden wir herzlich empfangen, aber welche Unterwürfigkeit, welche Demütigung! Auf der einen Seite des Schreibtischs des Bürgermeisters stand ein großes Foto von David Ben-Gurion, auf der anderen Seite ein großes Foto des Begründers des Zionismus: Theodor Herzl.

Die demografische Mehrheit Israels verlagerte sich im Laufe der Zeit von den Aschkenasim zu den Sephardim oder Misrachim (aus dem Orient, d. h. aus dem Nahen und Mittleren Osten stammend), aber deren gesellschaftlicher Status änderte sich nicht groß. Was sich änderte, war ihre politische Vertretung, als 1977 der rechtsgerichtete Menachem Begin und seine Likud-Partei die Wahlen gewannen. Begin hatte sich vehement für die Misrachim eingesetzt (wobei er selbst polnischer Jude war und die meisten Mitglieder seiner Regierung weiter Aschkenasim waren). Aber die Misrachim hatten das Gefühl, dass Begin ihre Würde wiederhergestellt hatte, und sie stimmten in großer Zahl für ihn.

Ein paar Jahre später, 1984, gründete der sephardische Oberrabbiner Ovadja Yosef die Partei, die diese misrachische Wählerschaft vertreten sollte: «Schas» (Shomrei-Torah Sfaradim – Sephardische Tora-Wächter); sein gesalbter Schüler und Nachfolger war Arje Deri. Schas ist streng religiös, rechtsgerichtet und denkt immer noch in Kategorien der traditionellen Feindschaft zu den Aschkenasim (obwohl Netanjahu ein waschechter Aschkenasim ist). Nichtsdestotrotz haben Deri und Bibi (Netanjahus gängiger Spitzname) eine wichtige Gemeinsamkeit: Gegen beide wurde oder wird Anklage erhoben, gegen Ersteren wegen Steuerhinterziehung, gegen Letzteren wegen dreifacher Korruption.

Und Schas ist bei weitem nicht am schlimmsten. Die neue Koalition umfasst wahrhaft abscheuliche Exemplare: Bezalel Smotrich und seine Partei Religiöser Zionismus, Itamar Ben-Gvir, einen ehemaligen Schüler von Rabbi Kahane, der die Demokratie in Israel zugunsten einer jüdischen Theokratie beseitigen wollte, und sein Kontingent der Partei Jüdische Stärke.

Ein wesentlicher Unterschied zwischen der israelischen Rechtskoalition und den üblichen autoritären Regierungen, die heute an der Macht sind, ist die Rolle des Militärs. Normalerweise unterstützt die Armee eine nationale autoritäre Regierung. Im heutigen Israel hat die Armee, einschließlich ihres Chefs, des Likud-Verteidigungsministers Joav Galant, klar zu verstehen gegeben, dass alle Angelegenheiten, die die besetzten palästinensischen Gebiete betreffen, ihr ausschließlicher Zuständigkeitsbereich bleiben würden, wie es seit dem Ende des Sechs-Tage-Kriegs 1967 der Fall gewesen ist: Smotrich, ein rechtsextremer Ideologe, den Netanjahu zum Finanzminister ernannt hat und der zudem als Minister im Verteidigungsministerium für zivile Angelegenheiten in Judäa und Samaria (den besetzten Gebieten), also für Siedlungen und Siedler, zuständig ist, wurde von Galant daran gehindert, sich in den ersten von ihm angestoßenen Fall einzumischen: die Errichtung der neuen Siedlung Or Hayim. Netanjahu hatte keine andere Wahl, als Galant zu unterstützen, wahrscheinlich auf Drängen seiner eigenen Likud-Partei und, wie einige behaupten, des Weißen Hauses. Als Smotrich beim Premierminister dagegen protestierte, schloss sich ihm Ben-Gvir an, jedoch ohne Erfolg.

All dies macht die israelische Armee nicht zu einer Festung der Legalität; sie ist der Schmelztiegel einer multiethnischen Gesellschaft, mit Ausnahme ihres ultra-religiösen Segments (auf das ich noch zurückkommen werde). In diesem Sinne ist sie eine Volksarmee, aber ihr Umgang mit der palästinensischen Bevölkerung ist oft brutal, insbesondere bei den quasi täglichen Antiterroreinsätzen. Das mag zur spürbaren Verrohung der israelischen Gesellschaft beitragen. Mit ihrer entschlossenen Haltung gegen Smotrich und Ben-Gvir hat die Armee jedoch Netanjahus Koalition weitere Schwierigkeiten bereitet, und das ist auch gut so.

Was ich gerade über die Armee geschrieben habe, ist nicht korrekt, wenn ich es so stehen lasse: In einer Armee, die zu den modernsten der Welt gehört, haben einige Infanterieeinheiten (u. a. das Netzah-Yehuda-Bataillon) die palästinensische Bevölkerung wiederholt brutal behandelt, was israelische und internationale Menschenrechtsorganisationen auf den Plan gerufen hat. Es besteht kein Zweifel, dass solche Dinge geschehen, aber wir dürfen nicht vergessen, dass dies vor dem Hintergrund einer erhöhten terroristischen Militanz geschieht, die von der Hamas und dem Islamischen Dschihad im Westjordanland sowie von der Hisbollah im Norden ausgeht. Unter solchen Bedingungen ist es quasi unmöglich, eine durch und durch korrekte Haltung zu wahren. Das Problem Israels ist nicht die Armee als solche, sondern die jahrzehntelange Besetzung der eroberten Gebiete.

Die heutigen religiösen Parteien Israels sind sowohl nationalistisch als auch ultra-orthodox. Das liberale Judentum hat sich in Israel nie durchgesetzt. Von Anfang an akzeptierte Ben-Gurion, der selbst eher Agnostiker war, eine Regelung, nach der die religiösen Aspekte des Privatlebens (Beschneidung, Bar Mitzwa, Heirat, Scheidung, Bestattung) nach den Regeln des orthodoxen Judentums durchgeführt werden sollten. Vor allem aber beschloss die Knesset zu einem späteren Zeitpunkt, dass die Definition dessen, wer Jude ist, ebenfalls von der strengen Orthodoxie abhängen sollte: Jude ist, wer von einer jüdischen Mutter geboren wurde. Das war essentiell für die Entscheidung, wer Anspruch auf die Staatsbürgerschaft und die Vorteile des Rückkehrgesetzes hatte, das 1950 als erstes Gesetz nach der Staatsgründung von der Knesset verabschiedet wurde und jedem Juden das Recht auf Einwanderung und die israelische Staatsbürgerschaft einräumt. Konversionen wurden nur dann als gültig angesehen, wenn sie von orthodoxen Rabbinern vollzogen wurden. Im Laufe der Jahrzehnte gewannen das konservative und das Reformjudentum in Israel an Boden, allerdings nur in geringem Maße. Derweil schwanden die relativ gemäßigten orthodoxen Juden (Mafdal) langsam dahin. Die Ultra-Orthodoxen, auch Charedim genannt, befanden und befinden sich in einer bizarren Situation, insofern sie den Staat Israel nicht anerkennen, aber ihre eigene Partei hatten und haben (Agudat Israel, die jetzt mit dem Banner der Tora zum Bündnis Vereinigtes Tora-Judentum fusioniert ist) und bei Wahlen antreten – nicht, weil sie konzilianter geworden sind, sondern weil sie Geldmittel für ihre Schulen (Jeschiwot) und für ihre wachsende, verarmte Bevölkerung benötigen.

Infolge dieser verschiedenen Veränderungen umfasst Netanjahus Koalition vier religiöse Parteien: Vereinigtes Tora-Judentum (ultraorthodox, hat aber in allen bisherigen Koalitionen für die eigenen finanziellen Interessen gearbeitet), Schas (ultraorthodoxer misrachischer Ableger von Agudat Israel), Religiöser Zionismus (extrem nationalistisch, religiös, geführt von Smotrich) und Jüdische Stärke (ebenfalls extrem nationalistisch, religiös, geführt von Ben-Gvir). Es gibt immer noch Charedim, die den Staat überhaupt nicht anerkennen und nicht kooperieren, aber sie sind zu einer kleinen Minderheit geworden (Neturei Karta).

Tatsächlich ist die Situation vor Ort höchst verwirrend, da die Rabbinerräte über das Vereinigte Tora-Judentum und die Schas herrschen und die Mitglieder des Vereinigten Tora-Judentums sowohl verschiedenen chassidischen Gruppen als auch den antichassidischen Litayim (Litauern) angehören, von denen einige Ben-Gvir unterstützen. Die religiöse Landkarte Israels ist ein Labyrinth, aber eine Tatsache ist vorerst klar: Das demografische Gleichgewicht verschiebt sich aufgrund der extrem hohen Geburtenrate orthodoxer Familien (Anfang 2023 sind 30 Prozent der Kinder in der ersten Klasse orthodox) rasch zugunsten der religiösen Parteien.

Das eigentlich Mysteriöse an dieser Situation ist die schwache Präsenz des liberalen Judentums in Israel. Ich persönlich habe einige tief gläubige israelische Juden kennengelernt, die die zuvorkommendsten, verständnisvollsten und liberalsten Menschen waren: mein erster Schwiegervater, Ben Zion Meiry, der nie ein Wort über das völlige Fehlen jeglicher religiöser Observanz in unserer wachsenden Familie verlor, oder mein sehr enger Freund und Kollege Uriel Tal, der, wie ich weiter unten zeigen werde, die vernichtendsten Artikel über die jüdischen Glaubensfanatiker schrieb. Wohin sind all die Liberalen verschwunden? Warum konnte ihre Art des humanen Judentums im jüdischen Staat nicht überleben? Warum die beschleunigte Entwicklung hin zum Fanatismus?

21. Januar 2023

Heute ist viel passiert. Smotrich hat angekündigt, dass er morgen nicht an der wöchentlichen Regierungssitzung teilnehmen wird, was auf seinen möglichen Ausstieg aus der Koalition und auf Neuwahlen hindeuten könnte. Das ist natürlich das optimistischste Szenario. Auf der anderen Seite des politischen Spektrums ließ Esther Chajut, die Präsidentin des Obersten Gerichtshofs, die als erste öffentlich gegen Levins «Justizreform» Stellung bezog, verlauten, dass sie im Falle einer Verabschiedung der Justizreform durch die Knesset (das israelische Parlament) nicht zurücktreten, sondern weiter kämpfen werde. Unter den Oppositionellen verdient Chajut die größte Bewunderung, während Oppositionspolitiker wie Jair Lapid und Benny Gantz, die an der Spitze der Vorgängerregierung standen, viel von ihrer Autorität verloren haben.

Etwa 130 000 Anti-Netanjahu-Demonstranten gingen in israelischen Städten auf die Straße, 100 000 davon in Tel Aviv.

22. Januar 2023

Netanjahu hat Deri «mit Bedauern» entlassen. Die Justizreform wird ihn möglicherweise zurückbringen.

«Hallo, Elefant, du bist ziemlich sichtbar geworden.» «Ja, jeder in diesem Raum kennt mich und, Sie werden es nicht glauben, jeder liebt mich. Ich war jahrzehntelang jedermanns Liebling, aber nicht so offen wie heute. Jetzt bedeute ich alles für all jene, die an der Macht sind, und für viele andere Israelis.» Wie Sie sicher schon erraten haben, handelt es sich bei diesem Lieblingstier um nichts anderes als um die israelische Siedlungstätigkeit in den besetzten Gebieten. Das ist eine sehr lange Geschichte. Ich werde heute erst einmal damit beginnen.

Erinnern wir uns: Der ideologische und politische Vater des revisionistischen Zionismus, Zeev Jabotinsky, plädierte dafür, «beide Seiten des Jordans» in den Traum vom jüdischen Staat einzubeziehen. Seine Nachfolger wurden bescheidener und forderten das gesamte Eretz Israel, d. h. das gesamte Palästina zwischen dem Jordan und dem Mittelmeer (da die britische Regierung am Morgen des Ersten Weltkriegs Palästina von Transjordanien getrennt hatte). All diese Erwartungen blieben eher theoretischer Natur, da Palästina zwischen 1919 und Mai 1948 vom Völkerbund in ein britisches Mandatsgebiet umgewandelt wurde. Nachdem die britische Mandatsregierung den Juden und den Arabern widersprüchliche geheime Zusicherungen gegeben und den Juden 1917 eine Heimat in Palästina versprochen hatte (die Balfour-Erklärung), gab sie je nach ihren eigenen unmittelbaren politischen Zielen den jüdischen oder den arabischen Interessen nach.

Jede Kolonialmacht war zu ihrer Zeit doppelzüngig, aber mir scheint, dass die britische Doppelzüngigkeit insbesondere im Nahen Osten einen Höhepunkt erreichte. Und zu allem Überfluss fügte das Colonial Office auch noch eine gehörige Portion Antisemitismus hinzu.

Im November 1947, zwei Jahre nach dem Ende des Zweiten Weltkriegs und dem Holocaust und nach einer

Reihe von Untersuchungskommissionen und heftigen Debatten stimmten die Vereinten Nationen für die Teilung Palästinas in einen jüdischen und einen palästinensischen Staat. Die Vereinigten Staaten und die Sowjetunion unterstützten diesen Beschluss; die Palästinenser und die arabischen Staaten waren dagegen. Ich erinnere mich, dass ich an einer großen Feier im Vel' d'Hiv' teilnahm, in genau der großen Radsporthalle, in der im Juli 1942 die Pariser Juden «geparkt» worden waren, bevor sie in die Durchgangs- und anschließend in die Vernichtungslager deportiert wurden. Die Tribüne für die Würdenträger war dermaßen überfüllt, dass sie zusammenkrachte; einige wurden verletzt. Ein schlechtes Omen.

Die Palästinenser begannen einen immer heftigeren Guerillakrieg gegen die jüdische Bevölkerung des Landes, der sich nach der Unabhängigkeitserklärung Israels im Mai 1948 zu einem richtiggehenden Krieg ausweitete, an dem palästinensische Milizen und die Armeen aller benachbarten arabischen Staaten sowie des Irak beteiligt waren. 1949 hatte Israel dann seinen «Unabhängigkeitskrieg» gewonnen, während das Ganze für die Palästinenser die «Nakba», die «Katastrophe» bedeutete.

Der Krieg von 1948/49 endete unter anderem damit, dass Israel etwas mehr als die Hälfte des Gebiets kontrollierte, das ihm im Teilungsplan von 1947 nicht zugewiesen worden war, einschließlich Hunderttausenden von palästinensischen Flüchtlingen, die zum Teil nach einer Reihe von Massakern in Angst und Schrecken flohen oder von der israelischen Armee auf Befehl von oben vertrieben wurden. Es kam zu einem brüchigen Waffenstillstand, der im Laufe der Zeit von Überfällen palästinensischer Eindringlinge und zunehmenden israelischen Repressalien begleitet wurde. Im Oktober 1956 kam es zu einem kurzen Krieg zwischen Israel, Frankreich und Großbritannien und Abdel Nassers Ägypten. Der offensichtliche Sieg dieser drei seltsamen Bettgenossen wurde durch Drohungen der Sowjetunion und eine wütende Reaktion des US-Präsidenten Eisenhower zunichtegemacht.

23. Januar 2023

Ein grundlegender und dramatischer Wandel vollzog sich im Juni 1967 mit dem überwältigenden israelischen Sieg im Sechs-Tage-Krieg und der Besetzung des Gazastreifens, der Sinai-Halbinsel, des gesamten Westjordanlands, der Golanhöhen und natürlich ganz Jerusalems. Die meisten Israelis betrachteten all dies als ein Wunder, und einige hörten sogar die nahenden «Schritte des Messias» (*paamei hamashiach*). Einige wenige fürchteten die Folgen, und Zalman Aran, der Bildungsminister im Kabinett von Levi Eschkol, stellte die berühmte Frage: «Wie kriecht man heraus?» US-Präsident Johnson verlangte nicht die Räumung der besetzten Gebiete, und die arabischen Staaten verkündeten in der Resolution von Khartum vom 1. September 1967, dass es keine Verhandlungen und keinen Frieden mit Israel geben werde. Damit verfestigte sich die bestehende Situation. Die ersten Siedlungen folgten: Gusch Etzion und mehrere so genannte militärische Außenposten. Selbst der sozialistische Ministerpräsident Eschkol konnte dem Druck der Rechten nicht widerstehen. Oder kam er ihm sogar zupass?

Die besetzten Gebiete wurden zu einem Krebsgeschwür in der israelischen Politik und, mehr noch, in der israelischen Gesellschaft. Wie mir mein Freund Jacob Fried kürzlich schrieb: «Nicht Israel hat die Gebiete annektiert; die Gebiete haben Israel annektiert.»

24. Januar 2023

Könnte all dies in einer Art halbgarem Kompromiss enden, bei dem Netanjahu, um internationale Schwierigkeiten und zu viel internen Aufruhr zu vermeiden, seine extremsten und besonders unzuverlässigen Verbündeten an die Kandare nehmen wird? In den letzten Tagen hat er Deri entlassen, gestern reiste er nach Amman, um König Abdullah zu versprechen, dass der Status quo auf dem Tempelberg unverändert bleibt, und offenbar hat er sich geweigert, die Räumung des Beduinendorfs Khan al-Ahmar im Süden Jerusalems anzuordnen, wie sie seit einiger Zeit von der Rechten gefordert wird, eine Forderung, die vom Obersten Gerichtshof unterstützt, aber international abgelehnt wird. Ein solcher Kompromiss wäre ein logisches Endspiel, wenn unser Houdini nicht unter drei Anklagen stünde und bereit wäre, jedes politische Risiko einzugehen, um das wahrscheinliche Ergebnis abzuwenden.

Der Gouverneur der israelischen Zentralbank, Amir Yaron, hat Netanjahu soeben vor den gefährlichen internationalen Folgen für die Wirtschaft des Landes gewarnt, sollte der Umbau der Justiz umgesetzt werden. Wie es hieß, hat der Premierminister die Warnung zurückgewiesen.

Derweil haben die ultrareligiösen Knessetmitglieder des Vereinigten Tora-Judentums eine eigene Initiative ergriffen: Sie haben ein Gesetz eingebracht, das es Krankenhäusern verbietet, während des kommenden Pessach-Fests «Chametz» (aus gesäuertem Getreide hergestellte Lebensmittel, die nach religiösem Recht während der Pessach-Tage verboten sind) einzuführen. Darüber hinaus versucht die gesamte Koalition, neue Klauseln in das Rückkehrgesetz einzufügen, so dass es nur für «Volljuden» gilt und nicht beispielsweise für Enkel aus Mischehen («Vierteljuden»). Erinnert sie das an nichts? Halbjuden, Vierteljuden, Mischlinge ersten Grades, Mischlinge zweiten Grades ... Was für eine Schande!

25. Januar 2023

Hunderte von hochrangigen Ökonomen und Persönlichkeiten aus der akademischen Welt sowie Tausende von Studenten haben Protestnoten verschickt oder sich den Demonstrationen angeschlossen. All das ist laut Netanjahu nur «ein Tsunami von Lügen». Ein früherer Leiter des Schin Bet (des israelischen Pendants zum FBI) ruft zu einem Generalstreik auf, um das Land lahmzulegen. Vielleicht hilft ja nichts anderes.

26. Januar 2023

Die wichtigste Frage im Zusammenhang mit dem Wahnsinn nach 1967 und der andauernden Besetzung der palästinensischen Gebiete ist, ob der messianische Impuls Israels im Zionismus als solchem verankert ist oder ob er lediglich für ein besonders religiöses und besonders lautstarkes Segment der Bevölkerung charakteristisch ist.

Der Zionismus war in der Zeit, die von Theodor Herzl im späten 19. Jahrhundert bis 1977 reicht, im Wesentlichen eine säkulare Bewegung, die mit Herzl selbst, Jabotinsky, Chaim Weizmann, Ben-Gurion und den großen politischen Parteien (von denen einige ursprünglich marxistisch waren) begann, welche die politische Landschaft vor Menachem Begins Wahlsieg 1977 beherrschten. Die religiösen Parteien, die seit der Staatsgründung aktiv an den aufeinander folgenden Regierungen beteiligt waren, waren bis zum Sechs-Tag-Krieg überwiegend gemäßigt und kompromissbereit (etwa Josef Burgs Mafdal). Doch nach diesem Sieg spaltete sich ein Teil dieser gemäßigten religiösen Parteien ab und wurde «messianisch», insofern er in der Eroberung von Eretz Israel den Beginn der Erlösung sah. Was die Agudat Israel betrifft, so hatte sie keinen nennenswerten Einfluss auf politische Entscheidungen und kümmerte sich nur um ihre eigenen Interessen. Das Privatleben in Israel wurde von einigen religiösen Regeln bestimmt, sofern sich jemand auf sie berufen musste, aber ansonsten wurde Religiosität von einem großen Teil der Bevölkerung ignoriert. Abgesehen von den 1967 besetzten Gebieten, in denen ein Teil der Siedler seit jeher religiös ist, bildete der säkulare Teil der Bevölkerung noch vor kurzem vermutlich die Mehrheit. Jetzt sind die neuen Forderungen der religiösen Parteien zu einem der zentralen Streitpunkte des internen Konflikts geworden, und sie haben möglicherweise eine politische Mehrheit, die sie in der Knesset unterstützt.

Die messianische Siedlerbewegung Gusch Emunim (Block der Gläubigen) wurde unmittelbar nach dem Jom-Kippur-Krieg im Oktober 1973 bei einem Treffen in der «Jeschiwa Merkas HaRaw Kook», der Hochschule von Rabbi Zwi Jehuda Kook, gegründet. Dabei kamen rechtsextreme und extrem orthodoxe Persönlichkeiten zusammen, die allesamt glaubten, dass mit der Eroberung des gesamten Landes Israel im Juni 1967 die messianische Erlösung begonnen hatte.

Mein Freund Uriel Tal, den ich bereits erwähnt habe, ein bekannter Historiker an der Universität Tel Aviv, hat die Publikationen von Gusch Emunim, insbesondere die Zeitschrift *Nekuda* (Punkt), eingehend analysiert und ist zu dem Schluss gekommen, dass es sich bei dieser Bewegung um eine israelische Version des Faschismus handelt. Das war sie. Uri zögerte auch nicht, die Siedlungspolitik in den besetzten Gebieten mit der Kolonisierungspolitik der Nazis im eroberten Osten zu vergleichen. Ein anderer verstorbener Freund und Kollege von mir, Amos Funkenstein, ein Universalgelehrter, wie er im Buche steht, verglich die israelische Politik gegenüber den Palästinensern mit der NS-Politik in den ersten Jahren des Regimes. Ich gebe zu, dass ich Uri und Amos bei diesen Vergleichen nicht folge, weil ich befürchte, dass Menschen, wenn sie

«Nazi» lesen, «Ausrottung» oder «Vernichtung» verstehen, und das ist mit Sicherheit nicht das, was meine Freunde meinten.

27. Januar 2023

Gestern Großeinsatz im Flüchtlingslager von Dschenin: zehn Tote (neun Kämpfer und eine ältere Frau). Schusswechsel am Gazastreifen. Am späten Abend überfällt ein Palästinenser aus Ost-Jerusalem die Synagoge von Neve Yaakov im Norden Jerusalems: sieben Tote. Später schießt ein 13-jähriger palästinensischer Junge auf zwei Menschen und verletzt sie. Das ist eine schreckliche Phase in einem schier endlosen Teufelskreis. Die Ultras behaupten, die palästinensischen Morde könnten nur durch ein härteres Durchgreifen beendet werden; meiner Meinung nach lässt sich diese Art von anti-israelischer Gewalt in der Bevölkerung nur durch eine Lockerung der Beschränkungen für die palästinensische Bevölkerung verringern – und durch ernsthafte Verhandlungen über eine Zwei-Staaten-Lösung.

Die Hardliner auf unserer Seite hatten schon immer ein starkes Gegenargument: Während zu Beginn der Besatzung, in den späten 1960er und frühen 1970er Jahren, die palästinensische Bevölkerung keine größeren Probleme verursachte, änderte sich das mit der Entstehung der Fatah und, noch radikaler, mit der Gründung der Hamas (durch niemand Geringeren als Israel, das damit eine religiöse Opposition zur Fatah schaffen wollte) und ihrer tödlichen Mischung aus palästinensischem Nationalismus und intensivem islamischem Glauben. Ausdruck dieser gefährlichen Eskalation war die Entscheidung von Ariel Scharon im Jahr 2004, den Gazastreifen zu räumen. Gaza wurde dann zunächst von der Fatah regiert, doch nach den Wahlen dort übernahm die Hamas die Macht, verdrängte die Fatah und zettelte seitdem drei Kriege mit Israel sowie unzählige kleinere Konflikte an. Das offensichtliche Argument unserer Hardliner ist, dass jede Räumung des Westjordanlands eine Wiederholung der Situation in Gaza bedeuten würde, insofern die Hamas das Gebiet übernehmen und ihre bewaffneten Milizen bald aus nächster Nähe vom neu geschaffenen Palästinenserstaat aus auf die bevölkerungsreichsten Gebiete Israels schießen würden.

Die Antwort darauf ist: Frieden bedeutet, Risiken einzugehen, wahrscheinlich mit Hilfe von außen: ein entmilitarisierter palästinensischer Staat, wenn nötig für Jahre mit einer gewissen amerikanischen Präsenz auf seinem Territorium, und andere ähnliche Präventivmaßnahmen. Wenn die Palästinenser diese Art von Lösung ablehnen, dann sind bis dahin spannungsmindernde Schritte die einzige Option.

Aus Mosche Dajans berühmtem Ausspruch von 1953 am Grab eines Freundes, der von einem palästinensischen Attentäter aus dem Gazastreifen getötet wurde: «Fürchte dich nicht, Bruder Jakob ...», und seiner Vision von Israelis, die ständig mit dem Schwert leben, kann nichts Gutes erwachsen.

29. Januar 2023

Gestern schickte mir Avihu Zakai, ehemals Professor für Geschichte an der Hebräischen Universität, das folgende Zitat des israelischen Historikers Yakov Talmon, des Verfassers von *The Origins of Totalitarian Democracy*:

«Ich begann als Mitglied von ‹Hashomer Hatzair› (dem ‹jungen Wächter›, einer zionistisch-marxistischen Bewegung), in dieser Atmosphäre voller Emotionen, im Kreuzfeuer beider Seiten: einer messianischen Sehnsucht, die aus Osteuropa stammte, und einem zionistischen Feuer aus Eretz Israel. Damit war die messianische Sehnsucht in mir geboren, die Besessenheit, der Dibbuk der Idee der Erlösung war in mich eingedrungen.» (Talmon, *Socialism and Liberalism*, 1963).

Was Talmon mit dem messianischen Feuer aus Osteuropa meinte, ist nicht ganz klar; wahrscheinlich spielte er auf den Marxismus an, vermischt mit jener vagen Sehnsucht nach Erlösung, welche die kleinen und unterdrückten jüdischen Gemeinden in Polen beseelte. Das war nicht repräsentativ für die städtischen Juden in Warschau oder Krakau und noch weniger für die Juden aus Deutschland oder Westeuropa in den Jahren vor dem Nationalsozialismus, aber da die osteuropäischen Juden aus Talmons Generation unter den Einwanderern nach Eretz Israel dominierten, verdient die Frage nach einem messianischen Drang unter diesen Zionisten etwas mehr Aufmerksamkeit.

Es sei daran erinnert, dass ich mich gefragt habe, ob mit dem messianischen Drang, der in Israel mit dem Sieg im Sechs-Tage-Krieg ausbrach, nicht schlicht ein unausgesprochener messianischer Impuls zu Tage trat, der den Zionismus von Anfang an durchdrungen hat. Ich glaube nicht, dass die religiöse Deutung der «Schritte des Messias» irgendetwas mit dem von Talmon erwähnten messianischen Drang zu tun hat. Ich kannte Talmon gut, und soweit ich das beurteilen konnte, zeigte er nicht die geringsten Anzeichen von Religiosität. Bei der Masse der osteuropäischen Juden gab es durchaus einen Drang nach Erlösung, aber nach einer Erlösung von der Unterdrückung, vom Leben in der Golah (der Diaspora), einen Drang nach Eretz Israel als dem ersehnten Ort einer solchen Erlösung. Die Mehrheit brauchte nicht das ganze Land Israel, und ihre Maximalforderung war ein eigener Staat.

Im Übrigen war Talmon einer der mutigsten, polemischsten Kritiker des Triumphalismus der israelischen Gesellschaft nach dem Sechs-Tage-Krieg und der frühen Siedlungsaktivitäten im Westjordanland. In meinen Augen waren seine damaligen Artikel in *Ha'aretz* unübertroffen in ihrer scharfen Analyse der schrecklichen Folgen der israelischen Politik. Ich nahm es Talmon nicht übel, dass er sich 1961, als ich meine Stelle im Verteidigungsministerium kündigte und mein Promotionsstudium wieder aufnehmen wollte, weigerte, mir eine einfache Assistentenstelle im Fachbereich Geschichte der Hebräischen Universität zu verschaffen. (Nach meinen zwei Jahren bei Goldmann konnte ich nicht weiter zwischen New York und Jerusalem pendeln, da ich heiratete und wir jetzt ein Kind hatten; so fand ich eine Stelle im Verteidigungsministerium, wo ich als Mitarbeiter von Schimon Peres tätig war.) Tatsächlich freute ich mich über die Ironie der Situation von 1967: Ich war von Genf nach Jerusalem berufen worden, um Talmon zu vertreten, der für ein Jahr nach Princeton ging.

Aber zurück zu 1967: Dajan, der viel bewunderte damalige Verteidigungsminister, hasste Talmon geradezu und zitierte aus Jesaja 41, wenn er ihn «tolaat Yaakov» («du Jaakobwürmlein») nannte. Natürlich hatte Talmon recht, und heute haben wir die Konsequenzen zu tragen.

30. Januar 2023

US-Außenminister Blinken ist in Israel und spricht mit Netanjahu. Hoffen wir, dass die amerikanischen Warnungen, wenn es denn Warnungen gibt, nicht zu halbherzig sind und dass Blinken sowohl die Palästinafrage als auch die antidemokratische Politik der Koalition anspricht.

Etwa 50 Rechtsprofessoren amerikanischer Universitäten – darunter Alan Derschowitz, der Netanjahu in der Vergangenheit sehr nahe stand – haben einen offenen Brief gegen das Justizreformprojekt unseres Premierministers und seines Handlangers Levin unterzeichnet. Ich bezweifle, dass das etwas bringt. Allein politischer Druck aus den USA kann helfen. Aber wird es diesen Druck geben?

31. Januar 2023

Einer Reihe von Kommentaren zufolge besteht wenig Aussicht, dass Biden Netanjahu in Bezug auf die Innenpolitik des Landes unter Druck setzen wird. Und was die Zwei-Staaten-Lösung für die Palästinenserfrage anbelangt, sind die Erklärungen der USA vermutlich leere Worte; es gibt einfach zu viele internationale Probleme, die die amerikanisch-israelischen Beziehungen bestimmen (Iran, Ukraine, Ausweitung der Abraham-Abkommen auf weitere arabische Staaten usw.). Außerdem wird Biden angesichts der bald anstehenden Präsidentschaftswahlen nicht riskieren, einen beträchtlichen Teil der jüdischen Gemeinschaft gegen sich aufzubringen. So ist Realpolitik nun einmal. Wahr ist auch, was die palästinensische Frage betrifft, dass Mahmud Abbas, der greise Fatah-Führer, alles andere als hilfreich ist, wenn es um Verhandlungen geht. Er scheint lieber auf Konfrontation zu setzen, indem er jedes Problem an die UNO verweist, wo sich die Palästinenser zwar einer automatischen Mehrheit sicher sein können, die Entscheidungen aber meist nur deklaratorischen Charakter haben.

Die Häufigkeit israelischer Drohnenangriffe im Iran (Isfahan) und in Nordsyrien nimmt zu. Bedeutet dies, dass sich am Horizont ein Krieg ankündigt?

1. Februar 2023

Khan al-Ahmar, das Beduinendorf im Süden Jerusalems, ist ein guter Realitätstest, wenn es darum geht, zwischen Erklärungen und Politik zu unterscheiden. Wie bereits erwähnt, ordnete der Oberste Gerichtshof vor einigen Jahren die Räumung der Wohnsiedlung an. Seitdem wurde es zu einem Mantra der Rechten, dass Khan al-Ahmar geräumt werden müsse, doch internationaler Druck führte immer wieder zu einem Aufschub. Natürlich forderten Ben-Gvir und Smotrich schnelles Handeln, aber siehe da, zum neunten Mal hat die Regierung (der sie als Minister angehören) den Obersten Gerichtshof gebeten, eine Verschiebung der Umsetzung seiner Entscheidung zu erlauben.

Vom Ernsten zum Lächerlichen: Lapid und Gantz, die beiden Hauptprotagonisten der vorherigen Regierung, haben als Anführer der jetzigen Opposition jede Glaubwürdigkeit verloren, allein schon wegen ihrer heftigen Rivalität und offenen gegenseitigen Feindschaft. Derweil hat jemand, der in der Öffentlichkeit bislang unbekannt war, nämlich der Vorsitzende der israelischen Anwaltskammer, Avi Chimi, dank seiner überzeugenden und energischen Reden gegen die Justizreform und die antidemokratischen Maßnahmen der Netanjahu-Regierung immer mehr Bewunderung auf sich gezogen und wurde sogar als potenzieller Oppositionsführer gehandelt.

Vor kurzem gab Chimi jedoch bekannt, dass er nicht in

die Politik gehen werde. Warum das? Was war geschehen? Gerade jetzt, da er die nötige Sichtbarkeit erreicht hatte und sich wachsender Unterstützung erfreute? Nun, die Sache wurde vor etwa drei Tagen klar, als ein Skandal, der sich schon seit einiger Zeit anbahnte, explodierte: Unser Held hatte sich offenbar vor einer Anwältin, die gekommen war, um eine Empfehlung für eine Ernennung in der Justiz zu erbitten, entblößt und masturbiert. Sie erzählte es jemandem, der oder die es wiederum einem anderen erzählte, der es wiederum einer Journalistin erzählte. Die Sache wurde zum Aufmacher aller Nachrichtensendungen; Chimi trat von seinem Posten bei der Anwaltskammer zurück, die Polizei wird wahrscheinlich eine Untersuchung einleiten usw. usw. Wenigstens ist Chimi jetzt jedem Israeli ein Begriff. Leider.

Doch zurück zu den ernsten Dingen. Khan al-Ahmar steht symbolisch für die allgemeine Situation im Westjordanland. Langsam aber sicher wächst die Zahl der israelischen Siedlungen, ungeachtet des palästinensischen Widerstands, der oft, wie in diesem Fall, von internationalen Gremien unterstützt wird. Die israelische Linke versucht, das Voranschreiten der Siedler zu verlangsamen, aber sie kann es nicht aufhalten, da ein Teil der Bevölkerung, die in die besetzten Gebiete zieht, das tut, um bezahlbaren Wohnraum in einer landschaftlich reizvollen Umgebung zu finden. Messianische Ideologie wiegelt auf, billige Immobilien locken an.

2. Februar 2023

In den Nachrichten finden sich immer häufiger Anspielungen auf eine reichlich obskure Stiftung, die den Angriff der Rechten auf die israelische Demokratie finanziert: Kohelet (Prediger), die angeblich – zumindest zum Teil – von reichen amerikanischen Juden finanziert wird. Was auch immer es mit Kohelet auf sich hat, es gibt eindeutig eine allgemeine antiliberale Offensive an allen Fronten: in der Justiz, in der Religion, im Bildungswesen, in den Medien und natürlich in den besetzten Gebieten. Zwei Schritte vorwärts, ein Schritt zurück. So wurde der neue Plan zur Auflösung der Rundfunk- und Fernsehanstalt zumindest vorerst aufgeschoben. Das hat eine der bekanntesten Fernsehjournalistinnen, Ayala Hasson, jedoch nicht daran gehindert, am Freitagabend ihre allwöchentliche Pro-Netanjahu-Propaganda zu verbreiten. Das ist übrigens dieselbe Journalistin, die mit der Geschichte herauskam, die Avi Chimi zu Fall brachte.

Vor ein paar Tagen habe ich berichtet, dass Netanjahu nach der überdeutlichen Mehrheitsentscheidung des Obersten Gerichtshofs (zehn zu eins) Arje Deri entlassen musste. Offenbar arbeitet Deri, unbeeindruckt von all dem, weiter als Innen- und Gesundheitsminister, entweder von seinem Büro oder von zu Hause aus. Hat er nicht auf einer Versammlung der Schas-Partei erklärt: «Wenn sie uns zur Tür hinauswerfen, kommen wir durchs Fenster zurück; wenn sie uns danach hinauswerfen, kommen wir übers Dach zurück»? Der Premierminister wird sicher nicht die Polizei schicken, um Deri wegen grober

Missachtung von Gerichtsentscheidungen verhaften zu lassen. Israel ist zu einem Dschungel mit einigen sehr gefährlichen Raubtieren geworden.

Nehmen wir Ben-Gvir. Wo immer es eine Möglichkeit für Untaten gibt, ist er zur Stelle. So sucht er zum Beispiel nach jeder sich bietenden Gelegenheit, um die Bedingungen für palästinensische Insassen von Sicherheitsgefängnissen zu verschärfen. Er will die Todesstrafe für Terroranschläge wieder einführen. Und er hat es geschafft, die gegenwärtig herrschende Atmosphäre aufzuheizen, indem er alle möglichen Sanktionen anordnete, auch solche, die sich dezidiert gegen weibliche Gefangene richten. Das hat die Spannungen mit der Hamas verschärft und könnte zu einer Explosion führen. Ben-Gvir ist die anstößigste und ekelhafteste Figur in dieser ganzen Galerie von Verrückten.

Das Problem ist: Obwohl ich das alles weiß, bin ich dem Land, in das ich nach der Schoa als fünfzehnjähriges Waisenkind aus freien Stücken kam, nach wie vor sehr verbunden. Zunächst ließ ich keinerlei Kritik zu, das änderte sich dann, aber was auch immer über die Jahre meine wachsenden Vorbehalte gewesen sein mögen: meine tiefe Verbundenheit mit Israel als solchem – mit seinem bedingungslosen Überleben – blieb bestehen. Es käme mir nicht in den Sinn, dass eine solche Verbundenheit für Juden überall zwingend geboten ist. Ganz und gar nicht. Und ich bin mir sehr wohl der Tatsache bewusst, dass junge liberale Juden in Amerika schon lange vor dem Auftauchen der jetzigen Regierung von diesem Land enttäuscht waren. Israel ist keine Antwort auf den Antisemitismus; in einigen Fällen verstärkt es den Antisemitismus sogar noch. Aber für viele in meiner aussterbenden Generation bleibt die Bindung irrational und unerschütterlich. Genau diese Verbundenheit treibt diejenigen an, die noch für das Weiterleben dessen kämpfen können, was möglicherweise eine Illusion, ein Traum war, aber doch ein Traum, der ihrem – unserem – ganzen Leben einen Sinn gab.

Die Verbundenheit war bis jetzt nicht völlig irrational. Orna und ich leben seit meiner Pensionierung aus einer Reihe rein praktischer Gründe (Krankenversicherung usw.) nicht mehr in Israel, aber wir wissen, wie lebendig und freundlich die israelische Gesellschaft war und sein kann (besonders in Tel Aviv), und nicht ein einziges Mal haben wir daran gedacht, uns abzuwenden. Bis jetzt. Und nach allem, was ich lese und höre, denken nicht wenige Israelis daran, auszuwandern.

3. Februar 2023

Gestern, bei ihrem Treffen in Paris, warnte der französische Präsident Emmanuel Macron Netanjahu, dass Israel nicht mehr als Demokratie gelten könne, wenn die Justizreform verabschiedet und durchgesetzt würde. Was würde das bedeuten? Ungarn jedenfalls, ein typisch europäisches autoritäres Regime, scheint in keiner Weise darunter zu leiden … Sollte Netanjahu sich mehr Sorgen machen als Orbán? Vermutlich drückte Macrons Körpersprache seine wahren Empfindungen aus: Netanjahu versuchte wiederholt, ihn zum Beweis ihrer engen Freundschaft zu umarmen; Macron reagierte nicht ein einziges Mal.

Wichtiger für die unmittelbare Zukunft ist, dass Roni Alscheich, der ehemalige israelische Polizeichef, morgen in Tel Aviv auf der Protestdemonstration gegen die Justizreform sprechen wird. Soweit wir wissen, wird er, wie alle anderen auch, davor warnen, dass die Reform einen Regimewechsel mit unbegrenzter Macht für die Regierung bedeutet. Aber darüber hinaus wird er wahrscheinlich darauf hinweisen, dass er als gläubiger Jude spricht und sich damit an die riesige Gruppe der regierungsfreundlichen religiösen Juden wendet. Wird er auch erwähnen, dass er als sephardischer Jude spricht, was von erheblicher Bedeutung ist, denn es könnte den unablässigen Bemühungen von Ben-Gvir entgegenwirken, als Minister für innere Sicherheit die volle Kontrolle über eine Polizei zu erlangen, die traditionell sephardisch ist? Natürlich wäre dies auch für alle normalen Schas-Mitglieder von Bedeutung.

Tun wir, die Linksliberalen, nur so, als ob das alles etwas bringen würde? Dass Biden, Macron und all die Alscheichs helfen werden? Oder ist das nur ein Pfeifen im Walde? Tatsache ist, dass es in der kurzen Geschichte Israels überraschende Bewegungen in beide politische Richtungen gegeben hat: von links nach rechts und von rechts nach links. Von links nach rechts? Das unerwartetste und groteskeste Beispiel ist die plötzliche Unterstützung einiger der bekanntesten israelischen Schriftsteller (allesamt traditionelle Linke) unmittelbar nach dem Sechs-Tage-Krieg für die neue Bewegung «Großisrael» (Eretz Israel Haschlema), die die Annexion der eroberten palästinensischen Gebiete befürwortete. Zu ihnen gehörten der Nationaldichter Nathan Alterman und weitere bekannte Autoren: Chaim Guri, Mosche Schamir und andere.

Von rechts nach links? Das beste Beispiel dafür ist der Architekt des Likud und Hauptbefürworter der Siedlungspolitik, Ariel Scharon, der Verteidigungsminister, der unter Begin den ersten Libanonkrieg initiierte und befehligte und an den Massakern von Sabra und Schatila beteiligt war. Nachdem er 2001 Premierminister geworden war, ordnete er 2004 die Räumung des Gazastreifens an. Nach dem gewaltsamen Widerstand aus der eigenen Partei verließ «Arik» den Likud und gründete eine neue Partei, Kadima (Vorwärts); er hatte offenbar auch beschlossen, dass Israel sich aus großen Teilen des Westjordanlands zurückziehen sollte, doch dann erlitt er einen Schlaganfall, der seiner politischen Laufbahn und schließlich seinem Leben ein Ende setzte.

4. Februar 2023

Vieles hängt von den Protesten heute Abend ab: Wenn die Zahl der Demonstranten zunimmt, besteht eine kleine Chance, den Regimewechsel zu verhindern. Ansonsten weiß ich nicht, was noch helfen kann. Der ehemalige Generalstaatsanwalt Avichai Mandelblit hat es treffend auf den Punkt gebracht: «All diese Katastrophen sind auf die Anklagen gegen Netanjahu zurückzuführen.» Mandelblit ist derjenige, der das Verfahren gegen den amtierenden Premierminister eingeleitet hat; das erforderte jede Menge Mut. Er konnte nicht ahnen, dass er es mit einem gerissenen Mafiatypen zu tun hatte, der bereit war, das eigene Haus mitsamt allen Bewohnern niederzubrennen, um seine Haut zu retten.

Die Zahl der Demonstranten in Tel Aviv (40 000) war nicht so hoch wie in den vergangenen Wochen, aber es gab viele weitere Demonstrationen im ganzen Land. In Tel Aviv sagte Roni Alscheich das, was von ihm erwartet wurde, und hoffentlich wird es ankommen. Ron Huldai, der schon lange amtierende und großartige Bürgermeister von Tel Aviv-Jaffa, warnte, dass den Worten auch Taten folgen würden. Das sollte dringend passieren, aber was könnten das für Maßnahmen sein? Nur ein Generalstreik könnte Wirkung zeigen, und ein solcher hängt von der Histadrut (dem Dachverband der Gewerkschaften) ab. Wird sich die Histadrut bewegen? Aus irgendeinem Grund bezweifle ich das. Der Gewerkschaftsverband ist schon lange nicht mehr politisch. Tatsächlich wird er vom Likud dominiert.

5. Februar 2023

Neben Esther Chajut, der Präsidentin des Obersten Gerichtshofs, beweist die derzeitige Generalstaatsanwältin, Gali Baharav-Miara, viel Mut und Standhaftigkeit. Es ist jedoch unklar, inwieweit sie die bevorstehende Gesetzgebung aufhalten kann. So hat der Justizausschuss der Knesset mit den Beratungen über das von der Koalition eingebrachte Gesetz begonnen, das Ben-Gvir als Minister für nationale Sicherheit die Befehlsgewalt über die Polizei einräumen würde. Der Polizeichef würde demnach seine Anweisungen vom Minister erhalten, auch in Bezug auf strafrechtliche Ermittlungen. Damit würde der Minister de facto zum Befehlshaber der Polizei: ein politischer Befehlshaber der Polizei. Eine höchst gefährliche Situation.

Staatspräsident Izchak Herzog, eigentlich ein ziemlicher Wischiwaschi-Politiker, scheint dennoch zu verstehen, wie gefährlich die Justizreform für die israelische Demokratie ist. Heute schlug er vor, den Prozess zu stoppen und das Vorhaben zu überdenken. Justizminister Levin reagierte sofort: Die Reform wird nicht eine Minute lang gestoppt. Unklar bleibt, ob Levin lediglich Netanjahus Sprachrohr ist oder ob er der quasi autonome Fanatiker ist, der er zu sein scheint.

6. Februar 2023

Levin hat vorgeschlagen, den Justizumbau in mehreren Schritten zu vollziehen, wobei einige der umstrittensten Vorschläge für spätere Monate aufgespart, andere aber beschleunigt werden sollen. Sein wichtigster Gefolgsmann ist möglicherweise noch gefährlicher als er selbst: Simcha Rothman vom Vereinigten Tora-Judentum, Vorsitzender des Justizausschusses der Knesset. Sein vordringlichstes Ziel scheint die Wiedereinsetzung von Arje Deri zu sein. Höchstwahrscheinlich sind die aufgeschobenen Vorschläge noch nicht fertig. Diejenigen, die vorgelegt werden, sollten vor der Sitzungspause der Knesset im April zur Abstimmung kommen.

Was Ben-Gvir betrifft, so hat er trotz seiner feurigen Erklärungen davon abgesehen, das große Gebäude in Ostjerusalem zu zerstören, das zu zerstören er versprochen hatte. Zwei Schritte vorwärts, ein Schritt zurück.

Mit Blick auf die Protestbewegung sind drei Dinge besonders beunruhigend: das Fehlen einer Führung; die fast vollständige Ausklammerung der Palästinenserfrage und der besetzten Gebiete, da die Teilnehmer aus allen politischen Richtungen kommen; und die Gefahr, dass wieder eine Mehrheit von Aschkenasim der breiten Masse von Sephardim gegenübersteht. Niemand will das, aber Tatsache ist, dass der Likud mehrheitlich von sephardischen Juden gewählt wird. Diese Falle zu vermeiden sollte ein wichtiges Ziel derjenigen sein, die die Demonstrationen organisieren. Es sollte viel mehr Leute wie Roni Alscheich geben. Diejenigen, die sich an die Tage der Friedensbewegung Schalom Achschaw (Peace Now bzw. Frieden jetzt) erinnern, werden sich auch daran erinnern, dass die Bewegung bald als aschkenasisch und elitär abgestempelt wurde; das hat einer Bewegung, die in der Tat nicht die breite Bevölkerung repräsentierte, geschadet und ihr wahrscheinlich ein Ende bereitet.

Was die ernsthaftere Beschäftigung mit der palästinensischen Frage betrifft, so ist dies aufgrund der Gesamtsituation heikel: Heute hat der Vater eines Kindes in einer palästinensischen Schule in Ostjerusalem den Brief veröffentlicht, den er ans Bildungsministerium geschickt hat und in dem er darum bittet, seinen Sohn in einer zweisprachigen hebräisch-arabischen Schule aufzunehmen, weil die Kinder in der jetzigen Schule systematisch indoktriniert würden, Juden zu töten und notfalls Terroristen und Schahids (Märtyrer) zu werden. Offenbar ist so etwas keine Seltenheit. Vor ein paar Tagen hat ein 13-jähriges Kind aus Ostjerusalem einen Soldaten und dessen Vater erschossen. Das sind die Folgen einer solchen Indoktrination.

7. Februar 2023

Schon seit einiger Zeit wollte ich etwas zu dem ständigen Gerede vom «Antisemitismus» sagen. Es gibt den schönen französischen Ausdruck: «Le ton fait la musique», der Ton macht die Musik. Das trifft die Sache ziemlich gut. Antisemitismus erkennt man sofort, wenn man Hass spürt. Ansonsten aber muss man sehr vorsichtig sein, bevor man den Vorwurf erhebt. Es kann sich um eine unhinterfragte Tradition handeln, wie bei einem Katholiken, der vor dem Zweiten Vatikanischen Konzil die traditionelle Karfreitagsfürbitte nachsprach: «Lasset uns auch beten für die treulosen Juden, dass Gott, unser Herr, wegnehme den Schleier von ihren Herzen, auf dass auch sie erkennen unsern Herrn Jesus Christus.» Viele dieser Katholiken schenkten den Worten, so anstößig sie auch waren, nicht wirklich Beachtung. Heute sind die Menschen natürlich nicht mehr so naiv, was antijüdische Verunglimpfungen angeht, und einige scheinen die Immunität der freien Meinungsäußerung zu genießen, um für Aufsehen und Publicity zu sorgen, vor allem, wenn sie in den Medien und politisch links- oder rechtsradikal sind. In den USA ist das nicht nur hasserfüllt, sondern wird auch gefährlich. Doch ungeachtet dessen hat besonnene Kritik an der israelischen Politik im Allgemeinen wenig mit Antisemitismus zu tun.

Vor lauter Maßnahmen, Demonstrationen, Reden und Beleidigungen hätte ich fast vergessen, zwei recht bemerkenswerte Merkmale unserer neuen Koalition zu erwähnen: Frauen sind auf ihren oberen Ebenen kaum zu finden, und ihre Feindseligkeit gegenüber der LGBTQ-Community wäre einfach nur lachhaft, wenn sie nicht auf den schulischen Lehrplan abzielen würde. Die Tatsache, dass es nicht nur im Kabinett, sondern auch unter den Generaldirektoren der Ministerien so wenige Frauen gibt, ist wahrscheinlich auf religiöse Vorbehalte zurückzuführen. Was die Homophobie anbelangt, so musste man trotz der Ernsthaftigkeit des Themas doch ein wenig schmunzeln, als Netanjahu den schwulen Likud-Politiker Amir Ohana zum Vorsitzenden der Knesset ernannte: Jedes Mal, wenn er sich zu Wort meldete, wandten die orthodoxen Abgeordneten ihre Köpfe ab und bedeckten ihre Augen. So sieht das israelische Parlament im Jahr 2023 aus.

Heute hat Smotrich angekündigt, dass der Bau neuer Siedlungen beschleunigt werden soll. Angesichts der Warnungen der Amerikaner und der Franzosen ist das eine echte Bewährungsprobe für den Chef.

Bidens Rede zur Lage der Nation kann mit Blick auf die Situation in Israel auf zwei Arten gelesen werden. Einerseits ging der Präsident kaum auf die Außenpolitik ein, und die Lage im Nahen Osten wurde nicht erwähnt. Alles konzentrierte sich auf die wirtschaftlichen und sozialen Erfolge. Andererseits betonte Biden immer wieder, dass nur die Demokratie vergangene und künftige Errungenschaften möglich mache. Israel hatte er wahrscheinlich nicht im Sinn, als er das Loblied auf die Demokratie sang, aber er wird es erwähnen, sofern und sobald er Netanjahu zu einem Treffen einlädt. Auf jeden Fall werden Blinken und andere das nicht vergessen.

8. Februar 2023

Es gibt ein grundlegendes Problem, das ich erst später anspreche, auch weil es so komplex ist: Israel will zugleich jüdisch und demokratisch sein. Lassen Sie mich das in sehr vereinfachter Form erklären. Schon auf den ersten Blick ist die Verbindung unmöglich, ein Widerspruch in sich: Die arabischen Bürger Israels haben schlicht nicht die gleichen Rechte wie die jüdischen. De jure gibt es für sie kein «Rückkehrgesetz», de facto haben sie in vielen Bereichen des täglichen Lebens nicht die gleichen Bedingungen wie die jüdische Bevölkerung. Natürlich ließe sich das verbessern, aber die stillschweigende Solidarität mit den Palästinensern aus den besetzten Gebieten wird für die Mehrheit der arabischen Bevölkerung ein beherrschendes Gefühl bleiben, und deshalb, so das Argument, wären volle De-facto-Rechte gefährlich. Solange der Konflikt andauert, muss Israel also jüdisch und nur zum Teil demokratisch sein. Und wenn die derzeitige Regierung ihre Ziele erreicht, wird der demokratische Teil der Gleichung gegen Null tendieren. Der Witz an der Sache ist, dass nach der massenhaften Einwanderung aus Russland und der Ukraine die jüdische Dimension des Staates selbst immer mehr abnimmt.

Zumindest können wir uns über Sara Netanjahus Forderungen an den Schin Bet, er möge ihre persönliche Sicherheit gewährleisten, amüsieren. Der Ehemann ist das traurige Gesicht der Situation, Sara'le ist unser unfreiwillig komischer Ausgleich dazu.

Eine ermutigende Nachricht: Heute starteten bei starkem Regen etwa 1000 Offiziere und Soldaten der Reserve (in Israel ist der Reservedienst bis zum 40. Lebensjahr obligatorisch) einen 50 Kilometer langen Marsch von Latrun nach Jerusalem. Organisiert wurde der Marsch vom Reservegeneral und ehemaligen Generalstabschef Mosche «Bogie» Jaalon, und zu den Teilnehmern gehören Mitglieder der angesehensten Kommandoeinheiten sowie ein 93-jähriger Veteran des Unabhängigkeitskriegs von 1948. Für den kommenden Montag ist in Jerusalem eine Großdemonstration vor dem Obersten Gerichtshof geplant. Wie wir in den letzten Wochen gesehen haben, werden viele Israelis das, was geschieht, nicht einfach tatenlos hinnehmen.

9. Februar 2023

Deri wollte ein Schas-Gesetz zur Kotel (der Klagemauer in Jerusalem) durchsetzen: ein halbes Jahr Gefängnis für Leute, die in unangemessener Kleidung oder mit Musik zur Mauer kommen. Netanjahu hat es vorerst auf Eis gelegt. Es zeigt jedoch, wohin sich die Koalition bewegt. Die Ajatollahs sollten sich schämen: Sie werden bald übertroffen werden. Aber keine Sorge, eine Reihe von weniger sichtbaren Maßnahmen bekommen die Religiösen durch. So werden in den kommenden Kursen für Sanitätspersonal Jungen und Mädchen getrennt ausgebildet.

Heute marschieren bereits 2000 Menschen nach Jerusalem.

Schließlich kam es zu einem Zusammenstoß zwischen Ben-Gvir und dem Polizeichef. Nach den Demonstrationen gegen die Reform in Jerusalem warf Ben-Gvir dem Jerusalemer Polizeichef vor, «die Anarchisten» nicht gestoppt zu haben; der nationale Polizeichef lobte seinen Jerusalemer Kollegen, weil er gesunden Menschenverstand bewiesen habe. Wird Ben-Gvir als Nächstes versuchen, den Polizeichef zu entlassen?

10. Februar 2023

Wieder ein Terroranschlag in Jerusalem: zwei tote Kinder, eines sechs, das andere (das drei Tage später starb) acht Jahre alt, dazu fünf Verletzte. Der Attentäter, ein Palästinenser aus Ostjerusalem, steuerte sein Auto in eine Gruppe, die an einer Bushaltestelle wartete. Er ist offenbar ein Patient aus der Psychiatrie. Natürlich hat Ben-Gvir zu den drastischsten Vergeltungsmaßnahmen aufgerufen, die nach Ansicht von Antiterrorexperten gegen einen Einzeltäter allesamt völlig sinnlos sind. Solche verrückten Aktionen können die Situation nur noch weiter anheizen.

Ein ungenanntes hochrangiges Mitglied der Koalition kritisierte Ben-Gvir scharf: «Man kann nicht vom Gehsteig aus Vergeltungsmaßnahmen ankündigen.» Gut, aber er hat Unrecht: Ben-Gvir liebt Ankündigungen auf dem Bürgersteig, je aufwiegelnder, desto besser; es erhöht seine Sichtbarkeit und wird ihm bei den Wahlen Stimmen einbringen. Die Leute vergessen, wer Ben-Gvir ist. Wer bitte war ein Meister der abscheulichen Ankündigungen, die immer mehr Wähler anlockten? Uns missfallen manche historischen Vergleiche, aber wir können nicht völlig blind für die Lehren aus der Vergangenheit sein.

Allerdings darf man auch nicht übersehen, dass die Hamas und der Islamische Dschihad den Anschlag gefeiert haben und dass es in mehreren Städten des Westjordanlands eine gewisse militante Aufregung gab. All dies ist möglicherweise eine Vorbereitung auf den Ramadan, der in diesem Jahr am 22. März beginnt.

11. Februar 2023

Am Gebäude der Stadtverwaltung von Tel Aviv wurde ein Transparent mit dem vollständigen Text der Unabhängigkeitserklärung vom Mai 1948 aufgehängt, einem Musterbeispiel für demokratische Grundsätze.

Der Montag könnte ein wichtiger Tag werden. Rothman wird versuchen, die erste Lesung einiger Justizreformen durch den Justizausschuss der Knesset zu bringen. Die Opposition wird alle möglichen Verzögerungstaktiken anwenden. Das eigentliche Drama wird sich jedoch außerhalb der Knesset abspielen: Eine Massendemonstration gegen die Reform dürfte die Straßen Jerusalems füllen, und ein Tag mit umfassenden Streiks soll weite Teile des Landes lahmlegen. Hoffen wir, dass alles wie geplant abläuft.

In der Zwischenzeit wird erwartet, dass Ben-Gvir den Chef der Jerusalemer Polizei, Doron Turgeman, zu einem Disziplinargespräch vorlädt. Wie bekannt, unterstützt der Chef der nationalen Polizei, Jacob (Kobi) Schabtai, seinen Jerusalemer Kollegen. Das kann zu einer willkommenen Demonstration der Stärke werden!

Heute fanden die sechsten wöchentlichen Demonstrationen in Tel Aviv und anderen Städten statt. In Tel Aviv nahmen nach Angaben der Organisatoren rund 150 000 Menschen teil; in anderen Städten marschierten zehntausende weitere Protestierer. Diese Zahlen sind ermutigend, aber der ernstere Test für beide Seiten wird am Montag in Jerusalem stattfinden. Und es wird eine Reihe von Streiks in verschiedenen Sektoren überall im Land geben.

12. Februar 2023

Auf der heutigen Regierungssitzung stimmten die Minister über das «Deri-2»-Gesetz ab, das die Befugnis des Obersten Gerichtshofs zur Einmischung in Regierungsernennungen einschränken und somit die Wiedereinsetzung von Arje Deri als Innen- und Gesundheitsminister ermöglichen würde. Der Vorschlag muss von einer Mehrheit in der Knesset angenommen und vom Obersten Gerichtshof akzeptiert werden. Ausnahmsweise einmal haben die Mitglieder der Opposition gemeinsam vor der Initiative der Koalition gewarnt. Und bemerkenswerterweise wird Staatspräsident Herzog in wenigen Stunden zu den Menschen sprechen. Von jemandem wie Herzog kann man nicht viel erwarten, aber warten wir es ab.

In der Zwischenzeit hat Ben-Gvir weiter verkündet, er habe die Polizei angewiesen und so weiter und so fort. Mehrere frühere Polizeichefs haben ihn entweder mit einem unverantwortlichen Unruhestifter, mit einem Standup Comedian oder mit einem Kleinkind verglichen. Netanjahu kann ihn nicht entlassen, denn das würde das Ende seiner Knessetmehrheit bedeuten.

Der Bildungsminister hat angekündigt, dass Lehrer, die morgen streiken, kein Gehalt bekommen, und Schüler, die die Schule schwänzen, einen Vermerk in ihrer Akte erhalten würden. Der Direktor eines der großen Tel Aviver Gymnasien ermutigte seine Schüler, morgen in Jerusalem zu sein. Private Spender erklärten, dass Beamte, die wegen des Streiks ihr Gehalt verlieren würden, eine Entschädigung erhalten würden.

Herzog hielt eine gute Rede und schlug einige Grundprinzipien vor, die Verhandlungen zwischen der Koalition und ihren Gegnern ermöglichen würden. Aber kaum war er fertig mit seiner Ansprache, verkündete die Koalition, dass die Abstimmungen über verschiedene Aspekte der Justizreform wie geplant morgen Vormittag stattfinden würden. Sollte dem so sein, werden auch der Streik und die Demonstrationen in Jerusalem wie geplant stattfinden. Im Land herrscht das Gefühl, dass man sich am Rande eines Bürgerkriegs befindet. Die Regierung genehmigte neun neue Außenposten und den Bau Tausender neuer Häuser in bestehenden Siedlungen im Westjordanland. Das könnte die Spannungen mit den USA verschärfen. Handelt es sich um eine reine Provokation des Likud, um die Koalition über Wasser zu halten? Natürlich könnte zwischen der Genehmigung und den konkreten Maßnahmen eine lange Zeitspanne liegen.

13. Februar 2023

Levin und Rothman haben die erste Runde der Abstimmung über die Reformgesetze nicht verschoben, sondern ihre Bereitschaft erklärt, sich im Beisein Herzogs mit Lapid und Gantz zu treffen, um einen Kompromiss zu finden. Auf den ersten Blick sieht das nach einem Rückzieher aus. Handelt es sich lediglich um clevere Augenwischerei, um ein bloßes Täuschungsmanöver, oder sind die beiden Hooligans und Netanjahu im Hintergrund tatsächlich zu konkreten Gesprächen bereit? Die 90 000 Demonstranten, die gestern in Jerusalem aufmarschiert sind, könnten diese untypische Bereitschaft zu Verhandlungen ausgelöst haben. Manche sagen, dass Mitglieder des Likud dies fordern. Eine gestern durchgeführte Umfrage ergab, dass mehr als 60 Prozent der Israelis gegen die Justizreform sind.

Der Knesset-Abgeordnete David Amsalem vom Likud, der auf Drängen von Netanjahu Minister im Justizministerium werden soll, lehnte jeden Kompromiss ab: «Die Reform wird in vollem Umfang verabschiedet werden, ob Sie das wollen oder nicht.» Er schwor, der Vorherrschaft der «Elite», die mit «ihren Rolex-Uhren und ihren Mercedessen» an der Montagsdemonstration teilgenommen habe, ein Ende zu setzen. Amsalem, der Misrachi ist, gibt vor, gegen die aschkenasische Elite zu kämpfen, die seiner Meinung nach das Land und seine Brüder beherrscht, die «als Gärtner für die Elite» arbeiten.

Amsalem spielt seine übliche Wählerfangkarte aus, aber es hat zunehmend den Anschein, als würde eine wachsende Zahl von Likud-Abgeordneten einen Kompromiss in Bezug auf die Justizreform wünschen.

14. Februar 2023

Ein stürmisches Treffen zwischen Smotrich und den Chefs der wichtigsten israelischen Banken. Sie versuchten, dem neumodischen Finanzminister zu erklären, dass die Justizreform eine Gefahr für die Wirtschaft darstellt. Er wurde offenbar wütend, und die Begegnung nahm kein gutes Ende. Tatsache ist, dass täglich Geld von israelischen Banken auf ausländische Konten überwiesen wird.

Meiner Meinung nach ist Netanjahus Entscheidung, Warnungen aus dem Ausland zu ignorieren und den Siedlungsbau voranzutreiben, schlau: Ein Teil der Protestbewegung steht auf der nationalistischen Seite und könnte die Koalition wegen des Siedlungsbaus unterstützen. Hoffen wir, dass ich falsch liege.

Von Anfang an war das zionistische Unterfangen, wie es von der Mehrheit der osteuropäischen Juden wahrgenommen und unterstützt wurde – mit Ausnahme von «Kulturzionisten» wie Ascher Ginsberg (bekannt als Achad Ha'am, «einer aus dem Volk») –, darauf ausgerichtet, Eretz Israel notfalls mit Gewalt zu erobern. Die arabische Bevölkerung Palästinas und der umliegenden Gebiete war jedenfalls entschlossen, sich dieser fremden Invasion zu widersetzen, zur Not ebenfalls mit Gewalt. Da die Probleme bereits in den ersten Jahren der jüdischen Kolonisation begannen, träumten einige deutsche Zionisten wie der Soziologe Arthur Ruppin von einer Zusammenarbeit mit der einheimischen Bevölkerung bei der Etablierung der jüdischen Präsenz im Land und gründeten eine entsprechende Bewegung: Brit Schalom oder «Friedensbund». Ruppin gab sein Friedensprojekt auf, als die Araber 1929 ein Massaker an der jüdischen Bevölkerung in Hebron verübten, bei dem 67 Juden getötet und zahlreiche schwer verletzt wurden. Ausgelöst wurde der arabische Angriff durch Gerüchte, wonach die Juden die Kontrolle über den Tempelberg übernehmen wollten. Diese Gerüchte werden auch heute noch regelmäßig verbreitet.

Einige andere deutsche Juden griffen den Traum von der Koexistenz auf (Hans Kohn, Martin Buber, Gershom Scholem, Ernst Simon) und gründeten Ihud (Einheit), eine Friedenspartei, die für einen binationalen Staat eintrat. Sie repräsentierten die angesehensten Namen der neu gegründeten Hebräischen Universität und wurden von ihrem in Amerika geborenen Rektor, Yehuda Magnes, nachdrücklich unterstützt. Aber es war ein Traum ohne Chance, denn es gab keine nennenswerte palästinensische Reaktion, die übergroße Mehrheit des Jischuw (des jüdischen Gemeinwesens in Palästina) rief zum Kampf auf, und Ben-Gurion betrieb knallharte Realpolitik.

Nicht, dass ich gegen eine militante Politik gewesen wäre, als ich damals im Juni 1948 an Bord der Altalena ging, ein Schiff, das zu Begins Irgun gehörte. Ich war fünfzehn und wollte kämpfen. Bei meiner Ankunft kämpfte ich nicht, weil mein wahres Alter – das ich verheimlicht hatte – aufflog, aber meine Einstellung blieb über viele Jahre hinweg die eines Hardliners, womit ich zum Mainstream gehörte. Meine Zeit beim Militär (sechs Monate als Zivilist und zwei Jahre in der Armee) hat mir nicht besonders gefallen, aber meine Einstellung hat sich erst Ende der 1960er oder Anfang der 1970er Jahre nach links verschoben. Erst dann wurde mir klar, wie entschlossen die aufeinanderfolgenden «sozialistischen» Regierungen die Siedlungen und die israelische Kontrolle über die Palästinenser vorantrieben.

In den Jahren von der Staatsgründung bis zum Sechs-Tage-Krieg setzte sich einzig die extreme israelische Linke weiterhin für einen binationalen Staat ein, eine Position, die nach 1967 zu der weithin akzeptierten – aber immer noch nur von einer Minderheit unterstützten – Befürwortung der Zwei-Staaten-Lösung wurde. Heute verwandelt sich diese rasant in einen weiteren leeren Traum: auf der einen Seite die unerbittliche israelische Siedlungspolitik, auf der anderen Seite die erbitterte «Kein Kompromiss mit den Juden»-Haltung der Hamas, des Islamischen Dschihad und, dahinter, des Iran. Tragischerweise dominiert die «Kein Kompromiss»-Position die sozialen Medien und überflutet die palästinensische Bildung und Jugend ganz allgemein. In den letzten Tagen waren nacheinander drei palästinensische Attentäter in Ostjerusalem 13 oder 14 Jahre alt. Der Palästinenserführer im Westjordanland, Mahmud Abbas, ist zwar grundsätzlich gemäßigt, aber alt, korrupt, ineffizient und zunehmend konfrontativ.

Heute kam es zu einem neuen Zwischenfall zwischen Smotrich und Verteidigungsminister Galant im Zusammenhang mit der Räumung einer jüdischen Siedlerfarm auf palästinensischem Gebiet. Auf Anweisung des Verteidigungsministers und mit Netanjahus widerwilliger Zustimmung begannen Einheiten der Grenzpolizei mit der Auflösung der Farm. Jugendliche aus Jeschiwot und ein weibliches Knessetmitglied von Jüdische Stärke versuchten, die Aktion zu verhindern. Kurz vor dem Ende der Räumung gab Netanjahu den Befehl, sie zu stoppen. Galant ist empört. Smotrich: «Wenn Galant ein Problem hat, kann er seine Schlüssel hier lassen.» Was Ben-Gvir betrifft, so bezichtigt er die Grenzpolizei der Brutalität, was eine scharfe Reaktion des Kommandanten der Truppe nach sich zog. Hoffen wir, dass diese Koalition, wenn ein Zusammenstoß auf den nächsten folgt, irgendwann zerfällt.

Infolge der Pläne zur Reform des Justizwesens sind bereits etwa vier Milliarden Dollar von israelischen Banken ins Ausland geflossen.

15. Februar 2023

Der Guerillakrieg zwischen Polizeichef Kobi Schabtai und Ben-Gvir geht weiter. Außerdem sprechen einige Beobachter davon, dass Netanjahu die Kontrolle über die Ereignisse verloren habe und am Ende sei. Hoffentlich.

Präsident Herzog hat die Generalstaatsanwältin Gali Baharav-Miara gebeten, sie möge Netanjahu gestatten, einen Dialog zwischen Koalition und Opposition einzuleiten – nicht daran teilzunehmen, sondern ihn lediglich in die Wege zu leiten –, und sie hat abgelehnt. Offenkundig verbietet ihm eine frühere Gerichtsentscheidung, sich mit juristischen Fragen zu befassen, die seine eigenen Anklagen berühren könnten. Formell hat sie Recht, und solche Entscheidungen sind nun einmal ihre Angelegenheit. Aber unter den gegebenen Umständen kann man das durchaus bedauern.

16. Februar 2023

Heute gab *Ha'aretz* einen Überblick über das, was man über Kohelet weiß, die ultrarechte libertäre Organisation, die seit etwa zehn Jahren einen Regimewechsel in Israel zugunsten eines extremen religiösen Nationalismus fördert. Offenbar setzt Kohelet etwa 150 Forscher ein, die von einem Mosche Koppel koordiniert werden, um ihre Ideen an verschiedene Minister, Knesset-Mitglieder und hohe Beamte zu übermitteln. Dem Artikel zufolge hat Yariv Levin ihre Ideen jahrelang geteilt. In der Vergangenheit hat Netanjahu ihn abgeblockt, doch jetzt, da es ihm aufgrund seiner eigenen Probleme mit der Justiz gelegen kam, unterstützt er ihn. Kohelet wird offenbar von zwei amerikanisch-jüdischen Milliardären, Jeffrey Jass und Arthur Dantchik, finanziert, die unter anderem die Randalierer des Sturms aufs Kapitol am 6. Januar 2021 finanziell unterstützt haben. Nette Leute.

Kohelet, so wie es in diesem Artikel beschrieben wird, klingt ein bisschen wie Dan Browns *Opus Dei*, nur in etwas weniger mysteriösem Gewand. Es ist jedoch schwer zu erkennen, inwiefern der gegenwärtige Vorstoß der israelischen Regierung zugunsten der Vorherrschaft ihrer politischen Koalition über die Freiheit der Gerichte und zugunsten einer religiös kontrollierten Gesellschaft mit den quasi-anarchistischen Lehren der Libertären zusammenpasst. Kurzum, wir müssen die Geheimcodes, die sich hinter unserer nationalen Katastrophe verbergen, erst noch entschlüsseln. Vielleicht sind sie nur in Netanjahus Anklagen verpackt. Was für eine Enttäuschung!

17. Februar 2023

Es ist ein seltsamer Trost, und doch ist es wahr: Israel stand schon mehrmals am Rande einer Katastrophe, und jedes Mal hat es sich zusammengerissen und die Krise gemeistert. 1948, als die ägyptische Armee im Süden, die jordanische Arabische Legion im Osten und die Syrer im Norden vorrückten ... oder an Jom Kippur 1973, als die Ägypter die israelischen Verteidigungslinien auf dem Sinai überwanden und den Syrern das Gleiche auf dem Golan gelang ... Diesmal jedoch droht die Katastrophe von innen, die Gefahr einer politischen Konfrontation, die zu einem Bürgerkrieg führen könnte: unvorstellbar und doch keine reine Fiktion. Man kann nicht glauben, dass es sich *nicht* um reine Fiktion handelt.

Das einzige Ereignis, an das ich mich erinnere und das ähnlich war, trug sich im Juni 1948 zu, als «mein» Schiff, die Altalena, ein «Freiheitsschiff» aus dem Zweiten Weltkrieg, mit seinen 900 Passagieren (die meisten von ihnen Möchtegern-Kämpfer, aber auch einige echte Soldaten, Amerikaner und andere) sowie tonnenweise Waffen und Munition bei Kfar Vitkin anlandete. Das Schiff war von amerikanischen Revisionisten (Peter Bergson) gechartert worden, und diejenigen, die ihm den Befehl zum Auslaufen gaben, waren französische Revisionisten, in beiden Fällen politische Verbündete von Menachem Begin, dem Chef der Irgun in Palästina, einer rechtsgerichteten terroristischen Untergrundbewegung während des britischen Mandats, die von der Mandatsmacht und den etablierten Linksparteien der jüdischen Gemeinschaft, vor allem von

Ben-Gurions Mapai («Partei der Arbeiter von Eretz Israel»), vehement bekämpft wurde. Die Namen haben sich inzwischen geändert, aber im Grunde sind sich die gegensätzlichen Lager nicht ganz unähnlich, leider mit vertauschten Rollen.

Trotz seiner leidenschaftlichen Aufrufe zur Unterstützung hatte Begin keine Chance gegen die Zahal (die israelischen Verteidigungskräfte). Die Altalena fuhr an die Küste von Tel Aviv, da Begin hoffte, die Bevölkerung der Stadt zu ihrer Verteidigung zu bewegen. Vergeblich. Das Schiff wurde von der, wie Ben-Gurion sie nannte, «gesegneten» Kanone in Brand gesetzt. Sechzehn Männer wurden getötet, einige von ihnen schwammen an Land. Der rußgeschwärzte Rumpf blieb mehrere Monate lang in Sichtweite der Küste liegen, bevor er als Schrott verkauft wurde.

18. Februar 2023

Aus den Nachrichten erfahre ich, dass mehrere Veteranen der Kämpfe auf dem Golan während des Jom-Kippur-Krieges einen gepanzerten Wagen, der dort zum Gedenken aufgestellt worden war, zur bevorstehenden Demonstration in Tel Aviv transportieren wollten; doch die Polizei hat sie gestoppt. Das hätte die Menschen an die furchtbare Bedrohung jener Tage und an den schrecklichen Preis an Menschenleben erinnert. Mich erinnerte es an etwas anderes. Damals war ich Mitglied der israelischen Sektion der Pugwash-Bewegung, einer internationalen Organisation, die in den 1950er Jahren auf dem Höhepunkt des Kalten Krieges von Bertrand Russell und Albert Einstein gegründet worden war, um informelle Kontakte zwischen amerikanischen und sowjetischen Wissenschaftlern zu ermöglichen, die unter stillschweigender Duldung ihrer jeweiligen Regierungen nach Möglichkeiten für einen Dialog suchten. Die Pugwash-Gruppen breiteten sich rasch aus, und Länder, die sich im Konflikt miteinander befanden, nutzten sie systematisch.

Im Mai 1973 rief mich Bill Polk, Mitglied der amerikanischen Pugwash-Sektion und Direktor des Adlai-Stevenson-Instituts in Chicago, in Jerusalem an und lud mich zu einem streng vertraulichen Treffen mit einem palästinensischen Delegierten ein, bei dem auch die üblichen amerikanischen, sowjetischen und ägyptischen Mitglieder der Gruppe anwesend sein sollten. Die Teilnahme eines Palästinensers war ein Novum. Ich sagte natürlich zu, erwähnte aber, dass ich das Büro der Premierministerin informieren und eine Erlaubnis einholen müsse. Ich rief Mordechai Gazit, den Büroleiter von Golda Meir, an. In meinen Augen sei das eine gute Gelegenheit, einen palästinensischen Vertreter zu treffen. Innerhalb weniger Minuten rief mich Gazit zurück: «Die Premierministerin möchte dich sehen.» «Wann?» «Jetzt gleich.»

Ich hatte die «alte Dame», eine kettenrauchende, in Milwaukee aufgewachsene Zionistin einer Generation, die keine Zwischentöne und keine Kompromisse kannte, bis dato nie persönlich kennen gelernt. «Den einzigen Mann im Kabinett» nannte Ben-Gurion sie, als sie Arbeitsministerin war. Nach dem Tod von Levi Eschkol wurde sie 1969 Ministerpräsidentin und führte HaMa'arach (das Bündnis aus Mapai und Mapam) im selben Jahr zu seinem größten

Wahlsieg. Sie war hart gegenüber den israelischen «Black Panthers» (Misrachim-Aktivisten) und allen anderen.

«Saul», sprach sie mich an, obwohl wir uns noch nie begegnet waren, «ich verbiete dir, an diesem Treffen in Chicago teilzunehmen, wenn ein Palästinenser anwesend ist. Es gibt kein palästinensisches Volk. Wir waren alle Palästinenser unter dem britischen Mandat; ich hatte einen palästinensischen Pass. Die so genannten Palästinenser sind Araber aus Syrien, die während des Mandats hierhergekommen sind. Hast du mich verstanden?» Reichlich verstört ging ich wieder; es hatte keinen Sinn, zu streiten. Ich rief Polk an. Das Treffen fand statt, ohne den palästinensischen Vertreter.

Einige Monate später, im Oktober 1973, akzeptierte Golda Meir zwar grundsätzlich Henry Kissingers Idee von Souveränität gegen Sicherheit, aber ihre Engstirnigkeit und Sturheit trugen wesentlich zu dem bei, was für Israel zu einer heillosen militärischen Katastrophe hätte werden können. Mehr als 2200 Soldaten bezahlten mit ihrem Leben. Unter den Gefallenen waren auch zwei Studenten meines kleinen Graduiertenseminars an der Hebräischen Universität, Saul Schalev und Avi Schmueli.

Heute haben über hunderttausend Menschen in Tel Aviv und im ganzen Land gegen die Justizreform demonstriert. Am Montag wird eine weitere Massendemonstration in Jerusalem vor der Knesset stattfinden.

19. Februar 2023

Heute soll die Regierung über die Einrichtung des Ministeriums für nationale Missionen unter Ministerin Orit Struck von Smotrichs Partei des Religiösen Zionismus abstimmen. Verteidigungsminister Galant hat sich dagegen ausgesprochen, aber das Kabinett wird vermutlich trotzdem für die Einrichtung stimmen. Das alles, nachdem Präsident Biden Netanjahu laut dem US-Botschafter in Israel geraten hat, bei der Gesetzesreform «auf die Bremse zu treten». Ich bin mir nicht sicher, ob das helfen wird; der Premierminister hat möglicherweise schon die Kontrolle über die Situation verloren.

Den USA ist es gelungen, Israel davon zu überzeugen, seine Pläne für neue Siedlungen bis August auf Eis zu legen, und die Palästinenser haben sie dazu überredet, alle Versuche, Israel in irgendwelchen internationalen Foren zu verurteilen, ebenfalls bis dahin einzustellen. Daher die von den Palästinensern eingereichte Beschwerde beim Sicherheitsrat. Das ist durchaus ein amerikanischer Erfolg; die Smotrichs und Ben-Gvirs sind wütend, aber sie werden es nicht wagen, gegen die Vereinbarung vorzugehen. Zumindest ist das zu hoffen.

Die überraschendste Demonstration fand gestern Abend in einer der ältesten Siedlungen, in Gusch Etzion, statt: Rechtsextremisten, von denen viele dem Religiösen Zionismus angehören, versammelten sich, um ihre Kritik und ihre Besorgnis angesichts der Justizreform zum Ausdruck zu bringen. Sie bestreiten nicht, dass einige Änderungen notwendig sind, aber sie sehen mit Sorge den

Versuch, radikale Reformen gegen die große Mehrheit der israelischen Bevölkerung durchzudrücken. Sie demonstrieren für den Dialog, was in etwa dem Vorschlag Herzogs entspricht. Unter den Demonstranten sind auch einige Verwandte von Netanjahu.

Morgen wird die Knesset über einige der Gesetze zur Justizreform abstimmen; sie werden wahrscheinlich von der Mehrheit der Koalition ratifiziert werden. Smotrich hat Lapid soeben auf das Heftigste angegriffen und ihn beschuldigt, aus blankem Eigeninteresse Chaos zu stiften und einen Bürgerkrieg anzuzetteln. Zum Zeitpunkt der Abstimmung soll eine Demonstration der Opposition vor der Knesset stattfinden.

20. Februar 2023

Heute Abend findet die erste Lesung der Reform in der Knesset statt. Vor dem Gebäude und innerhalb des Parlaments kam es zu gewalttätigen Demonstrationen gegen die Ratifizierung. Demonstranten wurden gewaltsam vom Balkon des Parlamentsgebäudes vertrieben.

Der Leiter des israelischen Inlandsgeheimdienstes Schin Bet warnte, das Land stehe am Rande einer katastrophalen Explosion. Der Likud-Veteran Dan Meridor forderte Netanjahu auf, den Prozess der Justizreform zum Wohle des Landes zu stoppen. Viele Likud-Mitglieder fragen sich, ob der Chef noch alles im Griff hat.

Der Vorsitzende des UN-Sicherheitsrats äußerte seine tiefe Besorgnis über die israelischen Pläne zum Ausbau von neun provisorischen Siedlungen (Maahazim). Die USA haben die Erklärung nicht kritisiert.

Wen Jupiter vernichten will, dem nimmt er vorher den Verstand (*dementat*).

21. Februar 2023

Um ein Uhr nachts stimmte die Koalition in erster Lesung für zwei Hauptgesetze der Reform: Die Knesset-Mehrheit im Justizausschuss wird in der Lage sein, Richter zu ernennen, und der Oberste Gerichtshof wird nicht befugt sein, die bestehenden Grundgesetze zu ändern.

Ben-Gvir droht: Wenn sein Büro nicht den von ihm geforderten Nachtragshaushalt erhält, um zusätzliches Polizeipersonal einzustellen, die Gehälter der Polizei zu erhöhen und eine Nationalgarde einzurichten, wird er die Regierung verlassen. Wenn er doch nur ein einziges Mal Wort halten würde!

Die ultrareligiöse Noam von Avi Maoz, die Teil der Regierung ist (wenn auch nur ein winziger), hat vor etwa vier Jahren eine vertrauliche Liste von 50 homosexuellen Persönlichkeiten erstellt, denen sie unzulässigen Einfluss in den Medien und im Unterhaltungsbereich vorwirft. Ein Journalist hat die Existenz dieser Liste gerade aufgedeckt. Maoz hat einen Posten im Bildungsministerium bekommen, aber Netanjahu hat versprochen, dass sich der Status der LGBTQ+-Community nicht ändern wird. Wir werden sehen. Auf jeden Fall belagern die religiösen Parteien das Land plötzlich von allen Seiten.

Der neueste Scherz, der die Runde macht: Vergessen Sie nicht, Ihre Uhr um 2000 Jahre zurückzustellen.

22. Februar 2023

Einigen Nachrichtenagenturen zufolge steht Israel kurz davor, die iranischen Atomanlagen anzugreifen. Das könnte Netanjahus eher passives Verhalten angesichts des wachsenden Chaos im Innern erklären: Die Koalition soll so lange fortgeführt werden, bis diese wichtige Operation abgeschlossen ist. Ein sehr gefährliches, aber wahrscheinlich notwendiges Wagnis.

Drei weitere Gesetzesvorschläge wurden in erster Lesung verabschiedet: Das «Aufhebungsgesetz» beseitigt die Möglichkeit des Obersten Gerichtshofs, Gesetze für verfassungswidrig zu erklären. Ein weiterer Vorschlag nimmt dem Gericht die Befugnis, politische Ernennungen zu überprüfen. Ein drittes Vorhaben zwingt Krankenhäuser, während des Pessach-Fests «Chametz» aus ihren Einrichtungen zu verbannen.

Während der dritte Vorschlag lediglich die Macht der ultrareligiösen Parteien in der Koalition demonstriert, wird der zweite Vorschlag die Wiedereinsetzung Deris ermöglichen; was das erste Gesetz betrifft, so setzt es dem Einfluss des Obersten Gerichtshofs in allen grundlegenden kontroversen Fragen ein Ende, der Garantie der demokratischen Herrschaft.

Kurzum, die Koalition zieht diese Reform, die einem Regimewechsel gleichkommt, im Eiltempo durch, ohne irgendwelche konkrete Kompromissbereitschaft zu zeigen, indem sie etwa die weiteren Lesungen um ein paar Wochen verschiebt. Das wird entweder in der völligen Unterwerfung der Opposition oder in Gewalt enden.

Bei einer Razzia in Nablus und dem anschließenden Feuergefecht hat die Armee zehn Palästinenser getötet und etwa hundert verwundet. Diese Razzien werden den Terroranschlägen kein Ende machen, sondern wahrscheinlich nur den endlosen Kreislauf der Gewalt weiter anheizen.

23. Februar 2023

In der Knesset tobt ein Sturm von Beleidigungen von allen Seiten. Noch nie waren unsere so genannten Parlamentsdebatten so hasserfüllt und so widerwärtig! In den Online-Kommentaren schrieb jemand: «Das Gesicht der Knesset ist wie das Gesicht des Landes.» Das ist leider richtig, aber die rassistischen und antiarabischen Ausfälle kommen nur von einer Seite: von der derzeitigen Koalition.

Sie werden es nicht glauben, aber Netanjahu und seine Frau Sara'le haben sich inzwischen zwei Häuser vom Staat finanzieren lassen, ein riesiges Budget für Kleidung bekommen und praktisch unbegrenzte Mittel für Reisen zur Verfügung. Sara'le hat enormen und katastrophalen Einfluss auf Netanjahu. Berichten zufolge hat sie Bibi vor vielen Jahren gezwungen, einen Vertrag zu unterzeichnen, der es ihm verbietet, ohne sie ins Ausland zu reisen. Wenn er gegen die Abmachung verstößt, bekommt sie seine Besitztümer. (All das rührt offenbar von seinen früheren Seitensprüngen her.) Angeblich spielt sie auch eine Rolle, wenn über wichtige Ernennungen in der Regierung entschieden wird.

Rechts- und linksgerichteten Quellen zufolge hat die Regierung heute den Bau von über 7000 neuen Häusern im Westjordanland genehmigt. Ein Sprecher der Friedensbewegung Schalom Achschaw meinte, damit würde man «den Vereinigten Staaten ins Gesicht spucken», nachdem Netanjahu den Amerikanern noch vor einigen Tagen versprochen hatte, dass Israel bis August auf den Bau neuer Häuser verzichten werde. Ebenfalls heute wurde Smotrich mit der Leitung der zivilen Entwicklung im Westjordanland betraut, obwohl Verteidigungsminister Galant zuvor dagegen gewesen war.

Diese außergewöhnlichen Schritte könnten darauf zurückzuführen sein, dass sich die Regierung immer noch nicht auf einen Haushalt für das kommende Jahr einigen konnte, über den bis morgen abgestimmt werden muss. Ben-Gvir hat bekanntlich mit dem Austritt aus der Koalition gedroht, wenn seine Forderungen zur Finanzierung der Polizei nicht erfüllt werden. Die Ausweitung der Siedlungen ist wahrscheinlich das einzige Versprechen, das ihn zum Bleiben bewegen kann.

24. Februar 2023

Der Haushalt ist verabschiedet worden: Ben-Gvir hat von den 14 Milliarden Schekel, die er gefordert hat, neun Milliarden zugesagt bekommen. Er wird bleiben; möglicherweise hat er nie wirklich daran gedacht zu gehen.

Ein ehemaliger US-Botschafter in Israel hat es in seiner Rede vor einer demokratischen Wählerschaft am besten auf den Punkt gebracht: Die israelische Regierung handelt schlau, indem sie ihre Maßnahmen zu einem Zeitpunkt vorantreibt, an dem die USA mit einer Konvergenz globaler Probleme konfrontiert sind: Ukraine-Russland, China, Inflation und, vor allem im Innern, die bevorstehenden Wahlen. Leider ist das tatsächlich sehr clever.

Interessanter Artikel von Yuval Harari in *Yedioth*: Seine Analyse der Situation unterscheidet sich nicht von der, die allgemein zu hören ist, aber auf die Frage, was er tun würde, sollte die Regierung mit ihren Plänen Erfolg haben, erklärt er, dass er gehen würde. Schön, aber was ist mit den Hunderttausenden, die nicht gehen können?

Einer meiner Onkel war schon vor dem Krieg Zionist (er gehörte dem Jugendbund Blau-Weiß an) und meine Mutter auch. Irgendwann Mitte der 1930er Jahre besuchte sie mit einem anderen ihrer Brüder Palästina. Sie blieb Zionistin, aber meinen Vater konnte sie nicht überzeugen. Der Bruder, mit dem sie dort war, lehnte den Nationalismus der jüdischen Gemeinde, die er dort vorfand, ab und wandte sich schließlich der Anthroposophie zu; 1939 wanderte er nach Schweden aus. Die Zionisten hatten im Kontext der damaligen Zeit natürlich Recht, aber der Nationalismus, der für die Gründung des Staates notwendig war, wurde zu einem (für die meisten verborgenen) Fluch, der nach 1967 dramatisch zunahm und nach 1977 (dem Machtantritt von Begin) explodierte. Armer Begin. Im Vergleich zu Netanjahu und seinen Gefolgsleuten war er ein polnischer Gentleman.

Über ein Gesetz, das die Entlassung des Direktors der Nationalbibliothek ermöglichte, wurde abgestimmt, als die Generalstaatsanwältin den Sitzungssaal für ein paar Minuten verlassen hatte. Gangstermethoden sind das. Es trägt den Namen «Gesetz für die Transparenz der Nationalbibliothek».

Der ehemalige Premierminister Ehud Barak (der auch Generalstabschef war) erklärte, dass Soldaten, die mit einem illegalen Befehl konfrontiert würden, den Gehorsam verweigern sollten … Ich frage mich, wann Netanjahu den Befehl geben wird, Barak zu verhaften, der übrigens sein Kommandeur in der Generalstabseinheit Sayereth Matkal war, der elitärsten Spezialeinheit des israelischen Militärs. Sie glauben, ich scherze? Das Knessetmitglied Tally Gottlieb forderte in einem Fernsehinterview die Verhaftung Baraks.

Zum Abschluss des Tages bietet Netanjahu den Ministern in einer vertraulichen Sitzung Argumente an, um die Opposition besser zu «treffen». Eine Lüge nach der anderen. Der Mann ist wirklich toxisch (ich habe gerade gelesen, dass «toxisch» in unserem idyllischen Land ein Wort für alle Gelegenheiten geworden ist).

Unterdessen haben einige Piloten der Luftwaffe damit gedroht, aus Protest den Flugbetrieb zu verweigern. Möglicherweise werden sich ihnen die Reserveoffiziere des Geheimdiensts anschließen. Mehr noch als die Abwanderung von Führungskräften aus der Technologiebranche werden die Unruhen in der Armee wahrscheinlich die heftigsten Reaktionen hervorrufen. Die Armee ist das idealisierte Selbstbild des Landes.

25. Februar 2023

Das von Netanjahu und seinen Verbündeten in Israel errichtete Regime ist ein typisch messianisches Regime, eine Mischung aus extremem Nationalismus und extremer Religiosität, zu der sich noch cliquenhafte und persönliche Interessen gesellen. Beide Strömungen waren seit den Anfängen des Zionismus vorhanden, wurden aber jahrzehntelang vom Kampf um den Staat, dann von äußeren Bedrohungen, der normalen Politik und einer angeschlagenen Wirtschaft überschattet. Die Fanatiker waren in der Szene bekannt und aktiv (die beiden Rabbiner Kook, Vater und Sohn, und ihre Schüler auf der religiösen Seite; Geula Cohen, Yuval Ne'eman, Rehavam Zeevi und der schillernde Scharon auf der nationalistischen Seite), aber ihr Einfluss schien minimal, da starke Persönlichkeiten und scheinbar starke politische Parteien im Sattel saßen. Dann kam 1967, gefolgt von 1977 und 1995. Die Ermordung von Premierminister Itzhak Rabin und die beiden Oslo-Abkommen zwischen Israel und Arafats PLO (der Palästinensischen Befreiungsorganisation) in den Jahren 1993 und 1995 lösten eine heftige Reaktion aus, aber im Untergrund schwelte ein Feuer des Fanatismus, das von Politikern wie Netanjahu für eigene politische Zwecke geschickt geschürt wurde. Jetzt haben wir die Ergebnisse.

Die israelischen Fanatiker werden nicht von sich aus nachgeben oder sich fügen. Welcher externe Akteur kann sie aufhalten? Man kann auf ein energisches Eingreifen von Präsident Biden hoffen, aber das wird nicht passieren.

Was die israelische Opposition betrifft, so ist sie zu höflich, zu zivilisiert. Niemand kann also das Ende dieser Lawine absehen, es sei denn, Gott greift ein. Ist es nicht grotesk, dass ein Atheist wie ich um einen Akt Gottes gegen unsere Armee von religiösen Fanatikern bittet?

Das Problem ist, dass die Palästinenser schon immer ihre glühenden und unnachgiebigen Fanatiker hatten. Sie werden wahrscheinlich niemals ein Abkommen oder einen Kompromiss akzeptieren und streben aktiv die Auslöschung Israels an. Edward Said, eine der prominentesten palästinensischen Stimmen, war nach den Oslo-Abkommen ebenfalls ein Anhänger der «Verweigerungsfront». «Oslo», so Said, «war das palästinensische Versailles.» Die erste und die zweite Intifada waren die jüngsten groß angelegten mörderischen Ausdrucksformen der palästinensischen Verweigerung. Aber solche mörderischen Initiativen waren seit den Anfängen des Zionismus in unterschiedlichem Ausmaß fester Bestandteil der palästinensischen Reaktion. Das sagt natürlich nichts über die Frustration, die Demütigung und das Leid der Palästinenser vor und seit 1967 aus.

Heute Abend demonstrieren etwa 160 000 Menschen in Tel Aviv, Zehntausende in Haifa und mehr denn je in verschiedenen Städten im ganzen Land. Und in Tel Aviv werden sie immer unhöflicher. Gut so!

26. Februar 2023

In Hawara, einer kleinen Stadt in der Nähe von Nablus, wurden zwei Jugendliche aus einer Siedlung von einem palästinensischen Terroristen in ihrem Auto erschossen. Das Kabinett hat beschlossen, die Todesstrafe für die Verbrechen des Attentäters zu verhängen. Eine Forderung von Ben-Gvir. Historisch gesehen gibt es in Israel keine Todesstrafe, außer für «Nazis und ihre Kollaborateure». Sie wurde nur ein einziges Mal vollstreckt, und zwar gegen Adolf Eichmann.

Das Kabinett stimmte auch für die Aufhebung des Amtsenthebungsgesetzes. Das Gesetz würde es dem Obersten Gerichtshof ermöglichen, den Premierminister, Deri oder jeden anderen Amtsträger vorübergehend zu suspendieren, solange er mit Angelegenheiten befasst ist, die mit den laufenden Anklagen gegen diese Personen in Zusammenhang stehen.

Vor zwei Tagen veröffentlichte *Ha'aretz* eine Karikatur, die Netanjahu zusammen mit Sara'le und Sohn Yair als Nero zeigt, der singt, während Rom brennt. Herzog hält einen winzigen Eimer Wasser in der Hand ...

Als Reaktion auf die Entlassung des Direktors der israelischen Nationalbibliothek, den der neue Bildungsminister für zu liberal hält, haben Leute, deren Manuskripte und andere Papiere in der Bibliothek deponiert sind (darunter auch ich), beschlossen, sie zurückzuholen und anderen Archiven zu übergeben.

Der Deeskalationsgipfel im jordanischen Akaba, an dem Vertreter Israels, Jordaniens, der Palästinensischen

Autonomiebehörde, Ägyptens und der Vereinigten Staaten teilnahmen, brachte einige positive Entscheidungen, wie z. B. die Aussetzung der israelischen Siedlungsinitiativen für vier Monate. Allerdings besteht nur wenig Aussicht auf Erfolg. Die Hamas bezeichnete sie als «wertlos», und Smotrich erklärte sofort, dass die Siedlungen unter seine Zuständigkeit fielen und dass neue Initiativen nicht einmal für eine Minute gestoppt würden. Ben-Gvir sagte es so: Was in Jordanien stattfand, bleibt in Jordanien.

Im Übrigen folgten auf die Tötung der beiden Israelis bereits heftige Ausschreitungen, bei denen ganze Viehherden abgeschlachtet und palästinensische Autos sowie Dutzende von Häusern in Brand gesteckt wurden: ein Palästinenser tot, Dutzende verletzt.

27. Februar 2023

Die Ausschreitungen der Siedler in Hawara sollten uns einmal mehr an den Kern des Problems erinnern, an den wesentlichen Teil, dem die meisten von uns nicht direkt ins Auge blicken wollen: die palästinensische Frage. Sie ist der Kern unserer politischen Krankheit, unserer langjährigen sozialen Malaise und unseres ständigen Rückgriffs auf Gewalt. Ich weiß nicht, ob der Konflikt mit den Palästinensern noch eine friedliche Lösung finden kann. Niemand weiß das. Vielleicht gab es von Anfang an nie eine wirkliche Chance dafür. Aber sicher ist, dass die fortgesetzte Annexion und der ständige Ausbau der Siedlungen die Flammen anfachen. Und die Brutalität unseres Vorgehens in den besetzten Gebieten stachelt nicht nur die palästinensische Gewalt an, sondern lässt zunehmend unsere eigene Gesellschaft verrohen. Nur wenige von uns sind bereit zu erkennen, dass der Kampf für die Demokratie untrennbar mit der Anerkennung der Gleichbehandlung von arabischen und jüdischen Bürgern Israels (z. B. kein Nationalitätengesetz, «Hok Haleum») und mit der Beendigung der Herrschaft über die Palästinenser jenseits der Grenzen verbunden ist.

Wenn sich im Laufe der Jahre herausstellt, dass Israel von einer unabhängigen palästinensischen Entität oder einem unabhängigen Staat trotz externer Garantien nicht friedlich akzeptiert werden kann, dann werden Verteidigungsmaßnahmen unvermeidlich sein. Aber legitime Selbstverteidigung ist etwas grundlegend anderes als die göttliche Verheißung, ein Herrschaftsrecht über ganz Eretz Israel zu haben. Natürlich kann man argumentieren, dass der Zionismus von Anfang an Anspruch auf Eretz Israel erhob – für die einen als göttliche Verheißung, für die anderen als historisches Anrecht. Und die geheiligte Formel «jüdisch und demokratisch» war von Anfang an eine Illusion, die nur mit Hilfe einer verqueren Logik aufrechtzuerhalten war.

Doch zurück in die Gegenwart. Nahum Barnea, ein altgedienter Beobachter der israelischen Politik, schrieb in der heutigen Ausgabe von *Yedioth Ahronoth*: «Die Regierung muss sich entscheiden, was sie ist. Ist sie entschlossen, Recht und Ordnung für Araber und Juden gleichermaßen durchzusetzen? Oder ist sie ein Feigenblatt für die Jugend auf den Hügeln, die in den Gebieten macht, was sie will? Die gleiche Frage stellt sich auch für die Armee, die bisher weder gegen den palästinensischen noch gegen den jüdischen Terrorismus wirksam vorgegangen ist.» Barneas Worte sind mutig, aber diese Regierung ist eine Siedlerregierung, und ihre Entscheidungen werden Siedlerentscheidungen sein. Die einzige gute Entscheidung, die sie treffen kann, ist der Rücktritt und die Ausrufung von Neuwahlen!

Könnte der heutige Rücktritt von Avi Maoz die erste Schwalbe sein, die den Frühling ankündigt? Wahrscheinlich nicht, denn er bringt lediglich eine Stimme ein und wird die Koalition in der Knesset weiterhin unterstützen. Aber wenn Netanjahu die Akaba-Beschlüsse respektiert, dann werden Smotrich und Ben-Gvir gehen. Das wäre das Ende der Koalition. Gleichwohl könnte unser Houdini die USA davon überzeugen, dass er die Deeskalationsbeschlüsse voll befürwortet, während er seinen beiden Gefolgsleuten beweist, dass er aktiv neue Siedlungen vorantreibt.

Arthur Ruppin, der Gründer von Brit Schalom und der friedlichste aller deutschen Zionisten, schrieb 1928 an den gleichgesinnten Hans Kohn: «Bei der Gründung des ‹Brit Schalom› hat mich die Erwägung geleitet, daß das Ziel des Zionismus, in ein von einer Nation bereits besiedeltes Land die Juden als eine zweite Nation friedlich hineinzubringen, in der Geschichte keine Parallele hat. Die Geschichte kennt ein solches Eindringen einer Nation in ein fremdes Land nur auf dem Wege der Eroberung, aber niemals hat sich bisher eine Nation gefallen lassen, daß eine andere Nation sich mit dem Anspruch auf völlige Gleichberechtigung und nationale Autonomie an ihrer Seite festsetzt .... Der ‹Brit Schalom› sollte das Forum werden, in dem das Problem studiert und diskutiert werden sollte.»* Wie schon erwähnt, gab Ruppin den Traum von einer solchen friedlichen Koexistenz nach dem Massaker an Dutzenden von Juden in Hebron und Umgebung durch Palästinenser im Jahr 1929 auf.

28. Februar 2023

Heute erklärte Likud-Verteidigungsminister Galant, er sei gegen Aufrufe zum Ungehorsam in der Armee: Man dürfe die Armee nicht für die Zwecke der einen oder anderen politischen Seite benutzen. Da hat er unrecht: Es geht hier nicht um einen Streit zwischen einer politischen Meinung und einer anderen, sondern zwischen Diktatur und Demokratie. Die Tatsache, dass er auf Baraks erste Erklärung nicht reagierte und nach der zweiten Welle von Erklärungen mehrere Tage wartete, zeigt meines Erachtens, dass er zu seinen Äußerungen gezwungen war.

Die Turbulenzen der letzten Wochen haben mich gezwungen, einige grundlegende Annahmen zu überdenken und mich an viel frühere Zeiten zu erinnern. Mein Vater, der am Zionismus so wenig interessiert war, wie man nur sein konnte, schrieb, kurz nachdem wir aus Prag geflohen und in Paris angekommen waren, an einen Freund in London: «So ungünstig die Nachrichten auch lauteten, die ich von verschiedenen Seiten [... aus Palästina] erhielt, daß man sich zu Hause fühle und das Gefühl habe, ein freier

* Arthur Ruppin, *Tagebücher, Briefe, Erinnerungen*, hg. von Schlomo Krolik, Königstein/Ts.: Jüdischer Verlag Athenäum, 1985, S. 400.

Bürger zu sein, darin waren sich alle einig. Was das bedeutet, wissen wir jetzt wohl zu schätzen, ich will nicht in einem anderen Staat oder anderen Land das gleiche Schauspiel miterleben, da ziehe ich es vor, zeitlebens ein Schnorrer zu bleiben ... oder mit Arabern Krieg zu führen. Übrigens werden wir besten Falles in ca. einem Jahr an die Reihe kommen [mit einem Flüchtlingszertifikat], auf so lange Sicht Entschlüsse zu fassen, kommt Leuten unseres Schlages nicht zu.» Meine Eltern kamen nie an die Reihe, ein Flüchtlingszertifikat zu erhalten. Sie wurden in Auschwitz ermordet.

Welche sonstigen moralischen Rechtfertigungen es für den Zionismus auch immer geben mag, die einzige unbestreitbare, wenn auch a posteriori auf der Einwanderung nach Palästina bis 1945 beruhende, ist die, dass diese Einwanderung, ohne dass dies irgendjemand hätte vorhersehen können, nicht nur für einige eine letzte Zuflucht war, sondern tatsächlich das Leben von etwa einer halben Million europäischer Juden gerettet hat. Die Kinder dieser Einwanderer wurden in Palästina und später dann in Israel geboren; die Entwicklung danach war, wie sie war.

Der frühere Generalstaatsanwalt Mandelblit forderte die Rücknahme der Justizreform, die er als «juristischen Horror» (*toeva hakikatit*) bezeichnete.

Knessetmitglieder vom Vereinigten Tora-Judentum beschweren sich darüber, dass Netanjahu seine Versprechen nicht einhält und dass Gelder, die sie hätten erhalten sollen, nicht gezahlt wurden. Ben-Gvir beklagt sich über den Ausschluss von wichtigen Sitzungen des Sicherheitskabinetts und über nicht eingehaltene Versprechen bezüglich neuer Außenposten. Kurzum, man erkennt über den Rücktritt von Avi Maoz hinaus einige Risse im Koalitionsgefüge. Das sind jedoch in diesem Stadium nur erste Risse. Noch gibt es kein Todesröcheln.

Morgen wird die Knesset zum ersten Mal über die Aufhebung des Amtsenthebungsgesetzes abstimmen.

Ein israelischer Amerikaner wurde in der Nähe von Jericho auf dem Weg zu einer Hochzeit erschossen.

MÄRZ 2023

1. März 2023

Am 22. März beginnt der muslimische Fastenmonat Ramadan. In der Regel ist dies eine Zeit vermehrter Spannungen, insbesondere in Jerusalem.

Die Änderung des Amtsenthebungsgesetzes wurde von der Knesset vorläufig gebilligt (*hatsba'ah tromit*). Auch das Gesetz über die Todesstrafe für Terroristen wurde von der Knesset in erster Lesung verabschiedet.

Riesige Demonstrationen in Tel Aviv und anderen Städten an einem «Tag der Störung». In Tel Aviv werden 37 Demonstranten verhaftet. Elf Demonstranten werden ins Ichilov-Krankenhaus eingeliefert. Die Polizei setzt Blendgranaten ein; Ben-Gvir rechtfertigt dies als Vorgehen gegen «Anarchisten».

Zwei Palästinenser, die an der Schießerei bei Jericho beteiligt waren, wurden festgenommen.

Präsident Herzog drängt erneut auf Gespräche. Ex-Verteidigungsminister Gantz zu Netanjahu und zum Parlamentspräsidenten Ohana: «Lasst uns zu Herzog gehen!» In der anschließenden Rede verlor Netanjahu kein Wort über die Möglichkeit solcher Gespräche. Er verglich die Demonstranten, die für die Demokratie auf die Straße gehen, mit den Siedlern, die Hawara angezündet haben: Beide Gruppen würden gegen das Gesetz verstoßen. In der Zwischenzeit erklärte Smotrich allen Ernstes, der Staat solle Hawara «auslöschen». Ich glaube nicht, dass man so etwas in Israel jemals gehört hat. Amerikanische Regierungsvertreter brachten ihre Abscheu zum Ausdruck. Smotrich sollte die Einreise in die Vereinigten Staaten verweigert werden. Gleiches sollte für Netanjahu gelten.

Wie üblich sorgt Sara'le inmitten dieses beispiellosen Aufruhrs für ein wenig Erheiterung. Sie fand, es sei an der Zeit, zu ihrem Friseur in Tel Aviv zu gehen. Die Leute bekamen das spitz, und bald demonstrierten Hunderte vor dem Friseursalon. Die Polizei musste die unvorsichtige Frau in einem gepanzerten Auto retten, während die Demonstranten skandierten: «Das Land brennt, und Sara lässt sich die Haare schneiden.» (Auf Hebräisch reimt sich das sogar: «Hamedina boeret ve Sarah mistaperet.»)

Der Witz ist, dass Sara'le nicht im Geringsten bedroht wurde. Vielmehr bestand sie darauf, sich volle drei Stunden lang die Haare machen zu lassen, und dokumentierte die einzelnen Schritte ihrer Verschönerung sogar in den sozialen Medien, während Dutzende berittener Polizisten die Demonstranten daran hinderten, sich dem Salon zu nähern, Hubschrauber über dem Geschehen kreisten, ein gepanzertes Fahrzeug bereitstand und der Schin Bet mobilisiert wurde. Einige Verschwörungstheoretiker haben darüber spekuliert, dass ihr gerissener Ehemann die ganze Oper aus der Ferne arrangiert hat und anschließend ein emotionales Wiedersehen mit seiner geliebten und gerade noch geretteten Sara'le für die Fernsehsender und Reporter inszenierte, die anscheinend unter einem posttraumatischen Schock litten.

2. März 2023

Wird Netanjahu den Befehl zum vorzeitigen Angriff auf den Iran geben, um sich und seine Koalition zu retten? Der egoistische Wahnsinn dieses Mannes ist so gewaltig, dass ein solcher Schritt trotz der potenziellen Risiken denkbar ist. Das Problem ist, dass nur sehr wenige Menschen im Lande sachkundig genug sind, um eine solche Entscheidung verantwortungsbewusst abzuwägen. Und werden die USA über alle Entscheidungen unseres Napoleons auf dem Laufenden gehalten? Das ist zu bezweifeln.

An anderer Stelle habe ich von meiner Arbeit mit Schimon Peres in den Jahren 1960 und 1961 berichtet. Ich war ein sehr kleines Rädchen in einer riesigen Maschine, obwohl ich einen beeindruckenden Titel trug: Leiter des wissenschaftlichen Büros des stellvertretenden Verteidigungsministers. Ich hatte den Posten von einer wirklich beeindruckenden Persönlichkeit geerbt, nämlich von Shalvet Freier, der nach einem Streit mit Schimon gegangen und später als Leiter der israelischen Atomenergiekommission zurückgekehrt war. Ich trug den Namen Shaul Eldar (die Hebraisierung von Namen im öffentlichen Dienst war damals obligatorisch) und war tatsächlich in einen der geheimsten Bereiche des Landes eingeweiht. Wahrscheinlich war ich wegen meiner fließenden Französischkenntnisse eingestellt worden, da französische Unternehmen massiv am Bau israelischer Atomanlagen beteiligt waren.

Ich erwähne das, weil dieses gewagte und komplexe Unterfangen damals in den Händen äußerst wagemutiger, aber sehr verantwortungsbewusster Leute lag: Ben-Gurion als Premierminister und Verteidigungsminister und Peres als stellvertretender Verteidigungsminister, der insbesondere für die nuklearen Bemühungen zuständig war. In seinen früheren Jahren als Premier galt Netanjahu im Allgemeinen als vorsichtiger Mensch, was militärische Entscheidungen betraf (Gaza usw.). Seit seinen juristischen Schwierigkeiten und mit der aktuellen Koalition scheint er nun jedoch alle Vorsicht über Bord geworfen zu haben und ist bereit, alles zu riskieren, um die eigene Haut zu retten.

Sara'le erklärte heute, dass das gestrige Spektakel mit ihrer Ermordung hätte enden können ...

Der Milliardär Jeffrey Jass, ein in Philadelphia ansässiger Tycoon, libertärer Ideologe (einer der Direktoren des Cato-Instituts) und einer der Hauptfinanziers des Kohelet Policy Forum (das die gegenwärtige israelische Koalition und die Justizreform unterstützt), wird zu einem wichtigen finanziellen Unterstützer der Republikanischen Partei. Mit oder ohne Trump?

Ben-Gvir droht Verteidigungsminister Galant, weil er die Verhaftung von Hawara-Brandstiftern angeordnet hat, die Angehörige der Armee bedroht haben. Levin drohte

Netanjahu offenbar, weil er in seiner Rede an die Nation von einem Kompromiss bezüglich der Justizreform sprechen wollte. Der Premierminister änderte daraufhin den Text seiner Ansprache und ließ den Kompromiss weg.

3. März 2023

Galant hat sich gerettet: Die Armee hinderte linke Demonstranten mit Gewalt daran, nach Hawara zu gelangen, um ihre Solidarität mit der palästinensischen Bevölkerung zu bekunden. Wie ich zu Beginn dieses Tagebuchs sagte, kann man gar nicht so viel essen, wie man kotzen möchte.

Aus vielfältigen Kommentaren geht hervor, dass sich Tausende von Israelis nicht zum Reservedienst melden werden, wenn die Justizreform in Kraft tritt. Sie werden sich weigern, unter einer Diktatur zu dienen. Einen solchen zivilen Ungehorsam gab es in Israel in kleinem Rahmen bereits während des zweiten Libanonkriegs. Diesmal könnte er weitaus bedeutsamer sein, und er könnte gefährlich sein.

Yaya Fink, ein strenggläubiger Jude, der entsetzt war über den Amoklauf in Hawara und die Tatsache, dass sich unter den Brandstiftern viele religiöse Juden befanden, startete eine Spendenkampagne für die geschädigten Palästinenser. Innerhalb von 12 Stunden kamen rund 465 000 Dollar zusammen. Natürlich wurde Fink von der Opposition als Verräter bezeichnet und erhielt Morddrohungen.

Heute Abend riefen 120 ehemalige und gegenwärtige

Führungspersönlichkeiten des amerikanischen Judentums jüdische Organisationen dazu auf, Smotrich bei seinem geplanten Besuch in den USA Ende des Monats keine öffentliche Plattform zu bieten. Leider hat die Organisation, die ihn eingeladen hat, Israel Bonds, die in der Vergangenheit jeden israelischen Finanzminister eingeladen hat, um den Verkauf von israelischen Staatsanleihen zu fördern, ihre Einladung nicht zurückgezogen. Auf jeden Fall wird sich kein Vertreter der US-Regierung mit dem Minister treffen. Was Netanjahu anbelangt, so wurde er noch nicht zu einem Treffen mit Biden eingeladen, was für einen frisch gewählten israelischen Premierminister und angeblichen «Freund» des Präsidenten sehr ungewöhnlich ist.

4. März 2023

Eine Gruppe hochrangiger Demokraten im US-Kongress hat sich in einem Brief an den Präsidenten gewandt und ihn gebeten, seinen Einfluss geltend zu machen, um die Justizreform in Israel zu stoppen. Sie prophezeien zu Recht, dass die Ultras die Annexion des Westjordanlands durchsetzen könnten, wenn die Reform umgesetzt wird, mit unvorhersehbaren und katastrophalen Folgen für Israel, für die Palästinenser und für die gesamte Region. Der Brief wird derzeit in Umlauf gebracht, um so viele Unterzeichner wie möglich zu finden (eine Kopie des Schreibens erreichte die israelischen Nachrichtenagenturen).

Derweil fordern jüdische Organisationen das Außenministerium auf, Smotrichs Visum für die USA zu widerrufen.

In Tel Aviv wird von etwa 160 000 und im ganzen Land von weiteren 250 000 Demonstranten berichtet – eine Rekordzahl. Es ist die neunte Woche der Proteste. Israel hat noch nie über einen so langen Zeitraum eine solche Massenmobilisierung erlebt. Das ist eine positive Folge der Krise, aber es wird wahrscheinlich nicht ausreichen. Der nächste Schritt muss ziviler Ungehorsam sein.

Einer meiner Freunde während meiner Studienzeit in Paris war Eli Ben-Elissar. Wir studierten an der Sciences Po (dem Pariser Institut für politische Studien) und arbeiteten in der israelischen Botschaft. Das war in den 1950er Jahren. Mir war nicht bewusst, dass er Mitglied der Cherut war und Begin nahe stand. In den späten 1970er Jahren, nach Begins Wahlsieg und Sadats historischem Besuch, nahm Eli an den anschließenden Verhandlungen in Kairo teil und wurde im Laufe der Zeit Vorsitzender des Außen- und Verteidigungsausschusses der Knesset und dann Botschafter in Frankreich. Er starb während seines Aufenthalts in Paris. Ich erzähle dies alles, weil wir uns oft bei mir zu Hause in Jerusalem trafen, wenn Eli zu den Sitzungen der Knesset in der Stadt sein musste. In den Jahren zuvor war ich zur Linken übergewechselt und Mitglied von Meretz geworden, so dass Eli und ich in wichtigen politischen Fragen, insbesondere der Besetzung des Westjordanlands, nicht einer Meinung waren. Eli (und seine Partei) vertraten den Standpunkt, dass Israelis und Palästinenser in einem von Israel kontrollierten Westjordanland ungeachtet der Siedlungen friedlich zusammenleben könnten. Die israelische Kontrolle war in ihren Augen aus Sicherheitsgründen notwendig.

Mag sein, dass einige von Begins Gefolgsleuten an eine

solche Kooperation glaubten, doch sie war von Anfang an eine Illusion. Das wurde im Laufe der Jahre immer deutlicher, und schließlich fanden meine Treffen mit Eli ein Ende. Das Problem ist, dass die Siedlungen unmittelbar nach dem Sechs-Tage-Krieg unter (sozialistischen) Mapai-Regierungen errichtet wurden, dass sozialistische Premierminister nicht an die Realität einer palästinensischen Nation glaubten (erinnern Sie sich an mein Treffen mit Golda Meir?) und dass die gegenwärtige Situation tiefe historische Wurzeln hat. Kurzum: Ich möchte behaupten, dass es bei vielen Israelis eine Art unbewussten Drang nach ganz Eretz Israel gibt.

Der Kommandeur der Luftwaffe hat ein außergewöhnliches Treffen mit Reservepiloten abgehalten, die erwägen, den Dienst zu verweigern, wenn die Justizreform verabschiedet wird. Das ist eine noch nie dagewesene Drohung in Israel. Der Kommandeur scheint die Beweggründe dieser Elitegruppe voll und ganz zu verstehen, obwohl er natürlich versucht hat, sie davon abzubringen.

Die Offiziere der Spezialeinheit, die im Juli 1976 die Geiseln von Entebbe befreite (die von palästinensischen und deutschen Entführern in der ugandischen Hauptstadt festgehalten wurden), bekundeten ihren Widerstand gegen die Reform. Die außergewöhnliche Entebbe-Operation stand unter dem Kommando von Netanjahus Bruder Yoni, der bei den Kämpfen getötet wurde.

5. März 2023

Netanjahu und Sara'le werden in vier Tagen zu einem offiziellen Staatsbesuch in Italien erwartet. Bislang ist es El Al nicht gelungen, Piloten oder eine Besatzung für die Reise zu finden ...

Wahrscheinlich will Netanjahu vor dem Besuch bei einer neofaschistischen Regierung seine Glaubwürdigkeit stärken, indem er Smotrichs Versuche unterstützt, sich gegen die allgemeine Ablehnung zu wehren, die sein Aufruf zur Auslöschung von Hawara hervorgerufen hat. In seinen Kommentaren auf Hebräisch (nicht auf Englisch) fügte der Premierminister Kritik am US-Botschafter in Israel hinzu, der sich gegen Smotrichs Äußerungen gewandt hatte: «Niemand ist vor Fehlern gefeit, nicht einmal Diplomaten.»

Morgen wird die Knesset über einen Gesetzesvorschlag abstimmen, der es den Likud-Abgeordneten und ihren Familien erlauben würde, Beiträge zur Deckung der Rechts- und Krankheitskosten des Premierministers zu sammeln. Was Sara'le und ihre beiden Söhne betrifft, so wird ihre Sicherheit künftig vom israelischen Inlandsgeheimdienst Schin Bet gewährleistet.

Mehrere ehemalige Angestellte in Netanjahus Residenz verklagen Sara'le wegen unrechtmäßigen und ausbeuterischen Verhaltens. In der Vergangenheit gab es bereits zwei ähnliche Vorwürfe gegen die Frau des Premierministers wegen unfairer Arbeitsbedingungen, Lohnvorenthaltung und Beleidigung. In beiden Fällen musste sie die Kläger entschädigen. Unterdessen verkündete El Al voller Stolz, man habe einen Piloten gefunden, der bereit sei, das Paar nach Italien zu fliegen.

37 von 40 Reservepiloten einer Eliteeinheit der Luftwaffe werden aus Protest gegen die Reform nicht zum Training erscheinen. Diese Art der Enthaltung weitet sich rasch auf andere Einheiten aus. Verteidigungsminister Galant ist so besorgt, dass er zu sofortigen Gesprächen aufruft. Netanjahu, Levin und Rothman sind angeblich offen für Gespräche mit der Opposition, treiben ihre Gesetzesvorhaben aber mit Höchstgeschwindigkeit voran und sind nicht bereit, für Verhandlungen eine Pause einzulegen. Eine in den letzten Tagen durchgeführte Umfrage zeigt, dass die Koalition sieben Sitze verlieren würde, wenn jetzt Wahlen wären.

Die Knesset stimmte in erster Lesung über einen Gesetzesvorschlag ab, der es Krankenhäusern erlaubt, während des Pessachfests die Einfuhr von «Chametz» (gesäuerten Lebensmitteln) zu verbieten. Lapid nannte das «religiöse Nötigung».

Eine von arabischen Persönlichkeiten initiierte Internetkampagne, die bereits eine Million Aufrufe unter israelischen Arabern hat, fordert die Araber dazu auf, sich an den Protesten gegen die Justizreform zu beteiligen. Sie weist darauf hin, dass die arabische Bevölkerung als Erste die Folgen der geplanten Gesetzgebung zu spüren bekommen würde. Eine massive arabische Beteiligung ist, auch wenn sie von einigen jüdischen Demonstranten nicht erwünscht ist, dringend erforderlich und würde einen wichtigen Impuls geben.

6. März 2023

Staatspräsident Herzog verkündet, dass ein Kompromiss zur Justizreform in greifbare Nähe gerückt sei und dass es nun an den politischen Führern sei, das Ruder zu übernehmen. In einer ungewöhnlicherweise gemeinsam verfassten Antwort lobten Lapid und Gantz den Präsidenten für seine Bemühungen und erklärten ihre Bereitschaft zu Gesprächen, forderten aber Netanjahu auf, die Verabschiedung des Gesetzes in der Knesset zu stoppen. Netanjahu hat bisher nicht reagiert.

Zweihundert Ärzte erklärten, dass sie sich nicht zum Reservedienst melden werden. Alle ehemaligen Kommandeure der Luftwaffe an Netanjahu: Stoppt die Reform!

Statt auch nur ein Wort über ein Ende des Reformvorhabens zu verlieren, wetterte Netanjahu gegen die Reserveoffiziere, die sich nicht zum Reservedienst melden werden. Ben-Gvir stand neben ihm und gab seinen eigenen Unsinn dazu. Ist das ein Amoklauf der Verzweiflung oder die dreiste Selbstsicherheit zweier hartgesottener Ganoven, die glauben, das Justizsystem stürzen zu können? Was Herzog angeht, so handelt er vielleicht in gutem Glauben, aber er könnte auch naiv sein oder sich auch nur während seiner fünfzehn Minuten Ruhm im Rampenlicht sonnen. Vielleicht ist das einzig Gute an dieser ganzen Episode der Beweis, dass Lapid und Gantz zusammenhalten können – und ein weiterer Beweis für Netanjahus Entschlossenheit, die Reform zu verabschieden, um seine Haut zu retten.

Etwa eine Woche nach dem Pogrom in Hawara kehrten die Siedler in die Stadt zurück und feierten tanzend Purim. Einige Soldaten tanzten mit ihnen, und das ist die eigentliche Schande. Wo sind die Offiziere, wo ist die Disziplin, wie ist die Haltung der Armeeführung? Wird es irgendwelche Sanktionen geben?

Michael Bloomberg, ehemaliger Bürgermeister von New York, Milliardär und ein großer Freund und Wohltäter Israels, hat sich in der *New York Times* in einem sehr scharfen Artikel gegen die Politik der Regierung Netanjahu ausgesprochen. Er ist der Ansicht, dass «Israel eine Katastrophe heraufbeschwört», wenn es so weitermacht.

Ben-Gvir, der es nicht erträgt, auch nur eine Stunde nicht in den Nachrichten zu sein, gab bekannt, die Polizei hätten Informationen erreicht, die auf eine zunehmende Aufstachelung zu seiner Ermordung hindeuteten. Als ein Polizeisprecher mitteilte, dass bei der Polizei keine derartigen Drohungen eingegangen seien, ordnete der öffentlichkeitsverrückte Ben-Gvir an, dass der Sprecher sich zur Klärung bei ihm melden solle, was einer Abmahnung gleichkommt.

7. März 2023

Gestern Abend fand in Dschenin eine Militäroperation statt. Der Palästinenser, der die beiden israelischen Jugendlichen in Hawara erschossen hatte, wurde getötet, ebenso wie fünf weitere Palästinenser. Neun weitere wurden verwundet. Der Teufelskreis nimmt kein Ende.

Herzogs Kompromissvorschlag scheint ins Leere zu laufen; viele meinen, er sei nicht deutlich genug als Widerstand gegen die Reform zu erkennen. Netanjahu hat jedenfalls nicht geantwortet, und Levin und Rothman sind fest entschlossen, den Justizumbau voranzutreiben.

Die Piloten, die dem Reservedienst fernbleiben sollten, werden sich morgen auf ihrem Stützpunkt melden, aber statt zu fliegen, werden sie mit ihren Besatzungen ein Gespräch über die politische Lage führen. Sie bezeichnen die Debatte als «Gespräch der Kämpfer» (*siach lochamim*), wie die berühmten Gespräche der Soldaten kurz nach dem Sechs-Tage-Krieg genannt wurden. Sie wurden u. a. von Amos Oz organisiert (ins Englische übersetzt unter dem Titel *The Seventh Day*) und brachten schon damals einige der gleichen Zweifel zum Ausdruck, die jetzt auftauchen, indem sie die Aufmerksamkeit auf das Leiden der zur Flucht gezwungenen Araber lenkten und es mit dem Schicksal der Juden verglichen, die nicht lange zuvor geflohen waren. Das war durchaus respekteinflößend, nicht zuletzt in Anbetracht der allgemeinen Atmosphäre eines quasi-hysterischen nationalistischen Jubels, der Israel in jenen Nachkriegstagen von 1967 erfasste.

In einem Buch, das ich 1969 auf Französisch unter dem Titel *Réflexions sur l'avenir d'Israel* (Überlegungen zur Zukunft Israels) veröffentlichte, zitierte ich ausgiebig aus dem «Gespräch der Kämpfer». Und ich prognostizierte, dass eine anhaltende Besetzung der eroberten palästinensischen Gebiete die Werte zerstören würde, auf denen Israel angeblich aufgebaut wurde. Ich bin nicht stolz darauf, dass ich voraussah, was die Besatzung Israel antun würde, und zwar aus dem einfachen Grund, dass ich damals nicht daran dachte, was sie den Palästinensern antun würde ... Ich brauchte zwei bis drei weitere Jahre, um das zu begreifen.

Die Organisatoren der Demonstrationen haben für übermorgen einen großen «Tag des Protests gegen die Diktatur» angekündigt. Selbst wenn nur ein Teil dessen, was sie planen, verwirklicht wird, wird es ziemlich beeindruckend sein. Die Demonstrationen scheinen an Umfang und Wirkung zuzunehmen.

In einem der Berichte aus dem Heiligen Land habe ich gelesen, dass einige der Befragten eine Rückkehr zur biblischen Situation ins Auge fassen, in der das Königreich Davids und Salomos in zwei getrennte Königreiche aufgeteilt ist: Judäa und Samaria. Diese Befragten träumen von einem separaten Land für all die Liberalen, für die Hochtechnologie ... mit einem Wort: für die «Elite». Natürlich war das scherzhaft gemeint, aber leider zeigt sich darin ein unübersehbarer Rassismus. Er ist die unausgesprochene Plage in dieser ganzen Situation. Netanjahus Unterstützer sind die Misrachim. Die Aschkenasim sehen sich jetzt mit einer Situation konfrontiert, die sie vor Jahrzehnten geschaffen haben, eine Situation, die zu Begin usw. führte. Das ist meiner Meinung nach das eigentliche und unheilvolle Hindernis auf dem Weg zu einer echten Verständigung.

Eine Gruppe von Experten hat Kompromissvorschläge gemacht, die Levin als Durchbruch bezeichnet. Aber soweit man solchen Nachrichten trauen kann, ist der fanatische Justizminister nicht bereit, den Reformprozess während der Verhandlungen zu stoppen. Ich gehe davon aus, dass es keinen für die Opposition akzeptablen Kompromiss geben wird, wenn er auf der Fortsetzung seines Blitzverfahrens besteht.

Siedler versuchten erneut, in Hawara Chaos zu stiften, wurden aber im letzten Moment gestoppt. Wilde Tiere.

Die Ratingagentur Moody's Investors Service warnte vor einer möglichen Herabstufung der Kreditwürdigkeit Israels, falls die Gesetzesnovelle verabschiedet wird. Es scheint, dass Netanjahu sich über die katastrophalen Folgen in einer Vielzahl von Bereichen Sorgen macht und versucht, Levin zu bremsen, bisher allerdings ohne Erfolg.

8. März 2023

Die hebräisch-italienische Übersetzerin weigert sich, die Rede zu übersetzen, die Netanjahu am kommenden Freitag in einer römischen Synagoge halten soll. Diese Rede sei gefährlich für die Demokratie in Israel, hat sie erklärt. Einige haben über den Besuch geschrieben, dass Netanjahu sich gemeinsam mit Meloni in «internationaler Isolation» befinde. Die Opposition wird versuchen, die Abreise von Bibi und Sara'le zu verhindern, indem sie die Zufahrt zum Flughafen blockiert, obwohl Ben-Gvir versprochen hat, sie offen zu halten. Die Polizei wird Gewalt anwenden.

Mein Freund Kobi nennt Rothman einen «Savonarola mit Zizijot» (Fäden). Gut, aber Rothman ist nicht das Problem. Das Problem ist Netanjahu und, möglicherweise, Levin.

Netanjahu ist irgendwie ein Rätsel. Er ist korrupt und selbstgefällig, aber alles andere als dumm. Außerdem geht es ihm nicht um Ideologie, sondern nur um Macht und das gute Leben. Könnte es sein, dass er, um einer Anklage zu entgehen, die wahrscheinlich zu kleineren Deals geführt hätte, bereit ist, im wahrsten Sinne des Wortes der Zerstörer Israels zu werden und als solcher in Erinnerung zu bleiben?

Das amerikanische Judentum spaltet sich möglicherweise entlang der gleichen Bruchlinien wie die israelische Gesellschaft. Die größten Unterstützer von Netanjahu und seinen Eiferern sind die Trumpisten und vor allem die Evangelikalen, die ihre Politik an ihren theologischen Überzeugungen ausrichten. Und wir wissen jetzt, dass sich hinter ihnen die Milliardäre des Forum Kohelet verbergen, die finanziellen Unterstützer des Regimewechsels in Israel und der rechtsextremen Politik in den USA – eine gefährliche Koalition. Zufälligerweise hat der Chefökonom von Kohelet jedoch Zweifel an der israelischen Reform wegen ihrer negativen wirtschaftlichen Folgen.

Israelische Frauen bilden Menschenketten, um gegen die Gesetzesnovelle zu protestieren.

9. März 2023

Viele der Demonstrationen werden von hochrangigen Reserveoffizieren angeführt. Sechs Personen wurden verhaftet, weil sie den Zugang zu den Kohelet-Büros in Jerusalem blockiert hatten, das sind mehr Festnahmen als bei den Hooligans in Hawara. Die Ayalon-Autobahn von und nach Tel Aviv war mehrere Stunden lang blockiert. Jetzt ist auch die Straße am Meer versperrt. Die Stimme des Protests ist laut und deutlich zu hören. Netanjahu, der in einem Polizeihubschrauber am Flughafen eintraf, erklärte gegenüber den italienischen Medien, die Proteste zeigten die Stärke der Demokratie in Israel. Der Mann ist ein schamloser Stand-up Comedian.

Auf Anweisung von Ben-Gvir wurde Amichai Esched, der Chef der Tel Aviver Polizei, seines Postens enthoben, weil er zuließ, dass die Ayalon-Autobahn mehrere Stunden lang lahmgelegt wurde.

Mit noch nie dagewesener Entschlossenheit wandte sich Präsident Herzog in seiner Rede an die Nation gegen die Justizreform. Den Mitgliedern der Knesset sagte er, dass sie für das sich ausbreitende Chaos verantwortlich seien. Herzog forderte beide Seiten auf, sich um ein gemeinsames Projekt zu scharen. Dieser Teil wirkt wie seine früheren Forderungen; es wird nicht funktionieren, wenn Levin und Rothman weiterhin Gesetze im Eiltempo durchpeitschen.

Terroranschlag in Tel Aviv: drei schwer verletzte Personen. Der Angreifer, der sich im Treppenhaus eines der umliegenden Gebäude versteckt hatte, flüchtete in eine Gasse und wurde dort erschossen. Jetzt sucht die Polizei nach dem, der ihn hergebracht hat.

Der Generalstabschef räumte ein, dass die Armee in Hawara versagt hat.

10. März 2023

Der Befehlshaber der Luftwaffe hat den Oberst wieder eingestellt, der gestern wegen seiner Beteiligung an der Drohung der Reservepiloten, sich nicht zum Dienst zu melden, wenn die Justizreform in Kraft tritt, entlassen wurde.

Die Entlassung von Amichai Esched auf Anweisung von Ben-Gvir an den Polizeipräsidenten Schabtai wurde von der Generalstaatsanwältin auf Eis gelegt, als klar wurde, dass Schabtai unter dem Druck des Ministers gehandelt hat. Ben-Gvir hatte Esched wegen seiner nachsichtigen Haltung gegenüber den Demonstranten ins Visier genommen. Mehrere Polizeichefs fordern den Rücktritt von Schabtai.

Im heutigen Artikel in der *New York Times* («The Social Rifts That Led to Israel's Judicial Crisis») verweist Patrick Kingsley, Büroleiter der Zeitung in Jerusalem, auf die Ursprünge der gegenwärtigen Konfrontation in den 1990er Jahren, als der Oberste Richter Aharon Barak die Autorität des Obersten Gerichtshofs gegenüber politischen Gruppierungen wie der Siedlungsbewegung und der ultraorthodoxen Gemeinschaft Israels zementierte. Mit anderen Worten: Das Gericht vertrat die Position der liberal gesinnten, säkularen Israelis gegenüber den extrem nationalistischen und extrem religiösen Gemeinschaften. Das Gericht schützte gelegentlich Palästinenser vor Übergriffen von Siedlern (es war in Bezug auf die Rechte der Palästinenser nicht übermäßig liberal) und setzte den Versuchen der Charedim, sich dem Militärdienst zu entziehen, Grenzen. Es unterstützte die Räumung des Gazastreifens und den Abriss der dortigen Siedlungen. Auf diese Weise zog das Gericht den Hass der Extremisten sowohl aus dem Siedler- als auch aus dem Charedim-Lager auf sich. Der damalige Justizminister, der Aharon Barak unterstützte, war der Likud-Politiker Dan Meridor, und einige Jahre später brachte auch Netanjahu seine Unterstützung für diese liberale Gesetzgebung zum Ausdruck.

Netanjahus persönliche Probleme mit der Justiz, die Siedlerbewegung und die ultrareligiöse Gemeinschaft veränderten das Bild und veranlassten einen Politiker, der verzweifelt versuchte, einer Verurteilung wegen einer Reihe von Verfehlungen zu entgehen, dazu, sich mit den einzigen Wählergruppen zu verbünden, die ein Interesse an der Begrenzung der Befugnisse des Gerichtshofs haben. So kam es zur jetzigen Koalition und zu ihrer Politik der Justizreform.

Blickt man auf die umfassendere Spaltung der israelischen Gesellschaft jenseits der reinen Justizfrage, dann muss man eine viel tiefere Kluft konstatieren: die Kluft zwischen Misrachim und Aschkenasim. Die Entlassung von Arje Deri aus seinem Ministeramt und die speziellen Reformmaßnahmen, die auf seine Wiedereinsetzung abzielen, bringen dies teilweise zum Ausdruck. Erinnern wir uns: Die Schas, deren unangefochtener Führer Deri ist, ist *per definitionem* nationalistisch, ultra-orthodox und misrachisch (sephardisch). Außerdem hegen einige der 40 lautstärksten Mitglieder der Knesset, wie David Amsalem, heftige Ressentiments gegen die Aschkenasim. Das ist eine starke Unterströmung, die das Wahlergebnis beeinflusst hat.

Wie bereits erwähnt, werden die Ausgaben der Familie Netanjahu, einschließlich der Kosten für zwei Privathäuser, aus öffentlichen Mitteln bestritten, ohne dass eine Verpflichtung zur Transparenz besteht, wie kürzlich von der Koalitionsmehrheit beschlossen wurde. Einem israelischen Forschungszentrum zufolge gibt es in den großen westlichen Demokratien nichts Vergleichbares.

11. März 2023

Der Terroranschlag in Tel Aviv und die Verschärfung der Krise haben die Netanjahus nicht davon abgehalten, das Wochenende in Rom zu verbringen. Sara'le will wahrscheinlich einkaufen gehen. Öffentliche Proteste haben sie nach Italien begleitet.

Hoffentlich genießt Netanjahu seinen Urlaub in Rom, trotz einer schweren diplomatischen Niederlage: einer Vereinbarung zwischen Saudi-Arabien und dem Iran, die Beziehungen nach sieben Jahren der Spannungen wieder aufzunehmen. Unser Premierminister, der wild entschlossen war, den Iran zu isolieren, und ständig auf eine bevorstehende Annäherung an die Saudis hinwies, hat genau das Gegenteil erreicht. Unter der neuen Regierung hat Israel keine Außenpolitik und sieht sich zunehmender Isolation ausgesetzt. Das iranisch-saudische Abkommen ist ein weiterer Schlag, und ein gefährlicher dazu.

Der Abend markiert die zehnte Woche der Demonstrationen. Kurz vor 20 Uhr versammeln sich etwa 50 000 Demonstranten in Haifa, der größte Protest, den die Stadt je erlebt hat. In jeder Stadt und jedem Ort des Landes nehmen Tausende daran teil. Die Bewegung wird von Woche zu Woche stärker.

180 000 Demonstranten in Tel Aviv.

Mit Blick auf die Befolgung von Ben-Gvirs Anweisung und die Entlassung des Tel Aviver Polizeichefs Esched vor zwei Tagen erklärte Polizeikommandant Jacob Schabtai heute Abend: «Ich habe mich in Bezug auf den Zeitpunkt und die Art und Weise geirrt. Es wird nach dem Ramadan geschehen.» Die Entlassung von Esched hat er jedoch nicht zurückgenommen. Wahrscheinlich hat er zu viel Angst, selbst von Ben-Gvir entlassen zu werden.

12. März 2023

Haben Sie etwas gemerkt? Netanjahu war in den letzten drei Tagen in Rom unterwegs. Ende dieser Woche wird er in Berlin sein, in der darauffolgenden Woche reist er nach London … Es scheint, als ob er sich in der schlimmsten Krise seines Landes gerne von zu Hause fernhält. Der einzige Ort, an dem er nicht sein wird, ist der Ort, an dem er sich am liebsten sehen lassen würde: das Weiße Haus.

Der Premierminister hat sich in der Polizeifrage gegen die Generalstaatsanwältin gestellt: Die Regierung hat die alleinige Autorität über die Polizei. Auch in Bezug auf Entlassungen und Ernennungen innerhalb der Polizei? Gestern, in den Abendnachrichten, platzte Ben-Gvir in der Polizeifrage schier vor Selbstbewusstsein. Es wirkte, als würden wir Zeugen einer höheren Gewalt. Aber nein, dieses Mal nicht. Der Mann plant wahrscheinlich die Entlassung der Generalstaatsanwältin.

Derselbe Ben-Gvir hat offenbar auch beschlossen, den Beduinen so viel Schaden wie möglich zuzufügen. Ohne jede offizielle Anweisung, so wurde berichtet, ist es im Negev zu einer plötzlichen Welle von Hauszerstörungen gekommen. Einige der Häuser wurden schon vor Jahrzehnten gebaut.

Gestern bejubelte irgendein idiotischer Kommentator auf einer Online-Nachrichtenseite Levin und Rothman als die DJs der neuen Partei, in der selbst Netanjahu bereits der Vergangenheit angehört. Ohne Amsalem zu erwähnen, aber mit seinen Argumenten, begrüßte er die neuen Gäste, die neue Elite, die die Oligarchie von gestern und insbesondere die in Rehavia aufgewachsenen und gebildeten Richter vertreibt (Rehavia ist ein Stadtteil Jerusalems, der hauptsächlich von deutschen Juden und einer Art Bildungsbürgertum bewohnt wird), darunter jene Richter des Obersten Gerichtshofs, die nach Meinung dieses Dummkopfs eine kleine Gruppe selbst ernannter Herren bilden, die sich der neuen, gewählten Elite entgegenstellen. Jenen gewählten Repräsentanten, vergaß er hinzuzufügen, die alles daransetzen, die Demokratie zu beseitigen, und die laut Umfragen von einer Mehrheit der Israelis abgelehnt werden.

Levin und Rothman haben nicht vor, auch nur einen Tag lang innezuhalten: Im Laufe der Woche werden sie das «Umsturzgesetz» vorlegen, ein Gesetz, das es einer Parlamentsmehrheit erlaubt, eine Entscheidung des Obersten Gerichtshofs zu verwerfen. Es ist das Kernstück der gesamten Reform.

Mein früherer Arbeitgeber, die Universität Tel Aviv, organisierte eine Woche lang Debatten über die Justizreform, bei denen einige Redner die Reform verteidigten und von den Studenten, die sich vehement dagegen wehren, heftig kritisiert wurden. Der Rektor, Professor Mark Steif, schrieb einen scharf formulierten Brief, in dem er die Studenten angriff – und bekam eine noch schärfere Antwort. Es fragt sich, inwieweit die Meinungen derjenigen, die gegen die Demokratie sind, in einer akademischen Debatte an einer liberalen Universität unter dem

Deckmantel der Gleichbehandlung frei geäußert werden sollten.

Ehud Barak erklärte auf CNN, dass die Israelis zivilen Ungehorsam in Erwägung ziehen sollten, falls die Knesset die Justizreform verabschiedet, die den Obersten Gerichtshof praktisch lahmlegen und das Land in eine Diktatur verwandeln würde. Daran sollten sich auch Reservisten der Armee beteiligen. Er fügte hinzu, wenn das Land in Gefahr sei, würden sich alle zum Dienst melden.

Die israelische Luftwaffe nimmt an einer großen Übung über Nevada teil. Ist der Iran jetzt dran oder nicht?

Die Vereinigten Arabischen Emirate, die im Rahmen des Abraham-Abkommens diplomatische Beziehungen zu Israel aufgenommen haben und zu wichtigen Kunden der israelischen Rüstungsindustrie wurden, haben aufgrund der anhaltenden rechtlichen Turbulenzen einen wichtigen Auftrag storniert.

13. März 2023

In der Kleinstadt Netivot hat eine Gruppe von Religionslehrern mit Schülerinnen äthiopischer Herkunft einen dreitägigen Ausflug unternommen. Unterwegs tauschten die Lehrer über eine private WhatsApp-Gruppe eine Reihe von abfälligen Nachrichten über die Schülerinnen aus. Einigen der Mädchen gelang es, Fotos von dem zu machen, was die Lehrer da verschickten: blanker Rassismus der schlimmsten Art. Das ist jetzt überall in den Nachrichten zu sehen. Es handelt sich um Lehrer an einer religiösen israelischen Schule, unter dem neuen Glaubenssystem. Sie können sicher sein, dass sie nicht entlassen werden.

Smotrich ist in New York angekommen. Kein offizieller Vertreter der US-Regierung will ihn treffen, abgesehen von den Demonstranten, die gegen seinen Besuch protestieren. Dennoch sprach er gestern Abend zu den «Bonds», die ihn eingeladen hatten, und betonte die «gemeinsamen Werte», die die USA und Israel teilen. Der Mann hat sichtlich Sinn für Humor ... Er plant auch, vor einer Versammlung der ZOA (Zionist Organization of America) zu sprechen, einer rechten Organisation, die eng mit der Republikanischen Partei verbunden ist. Nächste Woche will er in Paris sein.

Heute wird die Knesset über drei wichtige Gesetze abstimmen, die den Kern der Reform bilden. Amsalem, der Clown, dem wir bereits mehrfach begegnet sind, wird ein weiteres Gesetz einbringen: Ein amtierender Premierminister kann nicht wegen einer Vielzahl von Vergehen oder Verbrechen angeklagt werden. Sollte dieses Gesetz in Kraft treten, dürfte es für eine heftige Reaktion des Obersten Gerichtshofs sorgen.

Ende der Woche wird Netanjahu nach Berlin reisen. Dort werden ihn hoffentlich Tausende von Demonstranten erwarten.

Polizeichef Schabtai hat seinen Bezirkschefs mitgeteilt, dass er der Einzige ist, der mit Ben-Gvir über operative Fragen sprechen darf. Mit anderen Worten: Wenn Ben-Gvir einem Distriktchef während einer Demonstration operative Anweisungen gibt, sollte der ihn an Schabtai verweisen. In Ben-Gvirs Umfeld erklärt man die Anweisungen des Kommandeurs damit, dass sie auf Druck der Generalstaatsanwältin zustande gekommen seien. Die Polizei kann auf einen großen Erfolg stolz sein: Alles in allem gab es in den letzten zehn Wochen keine schwer verletzten Demonstranten. Ben-Gvir ist darauf wahrscheinlich nicht stolz.

Israel ist auf dem Weg in eine autoritäre Apartheid-Theokratie, so etwas wie eine Mischung aus dem früheren Südafrika und dem heutigen Iran. Zwei Gruppen wetteifern darum, dieses Ziel so schnell wie möglich zu erreichen: die Siedler und die Ultra-Orthodoxen. Eine unheilige Allianz, wie sie im Buche steht. Es hat den Anschein, dass selbst orthodoxe Frauen angesichts der bevorstehenden Verschärfung der religiösen Gesetze beunruhigt sind. Offenbar wird die religiöse Gesetzgebung auch auf Bereiche ausgedehnt, die bisher in den säkularen Bereich fielen. Unter den orthodoxen Knessetmitgliedern ist Mosche Gafni derjenige, der ihre Gesetze vorantreibt. Vor seinem Haus in Bnei Brak (einer Stadt mit ultrareligiösen Einwohnern) sind Demonstrationen geplant.

Bei der Verleihung der Ehrenbürgerschaft von Tel Aviv kündigte Präsident Herzog an, er werde einen endgültigen Kompromiss vorschlagen, nachdem er alle Seiten angehört habe. Das Problem ist: Selbst wenn Herzogs Kompromiss annehmbar ist, ist es unwahrscheinlich, dass die Koalition bereit sein wird, die eilends vorangetriebene Reform zu stoppen, und die Opposition wird nicht bereit sein, zu reden, wenn das Reformtempo beibehalten wird.

Ben-Gvir wartete nicht ab, um auf Schabtais Anweisung an die Polizeidistriktchefs zu reagieren, nicht direkt mit dem Minister zu sprechen: Er hält eine Konferenz mit ihnen ab.

Die Saudis haben dem israelischen Tourismusminister nicht erlaubt, an der von den Vereinten Nationen organisierten internationalen Tourismuskonferenz teilzunehmen, die in ihrem Land abgehalten wird.

Die Knesset-Mehrheit hat in erster Lesung für die Aufhebung des Ausschlussgesetzes gestimmt, das im Volksmund als «Festungsgesetz» bezeichnet wird. Nach der Schlussabstimmung wird es den Ministerpräsidenten davor schützen, von Angelegenheiten im Zusammenhang mit seinen eigenen Anklagen ausgeschlossen zu werden. Das Gleiche gilt für Deri.

In den frühen Morgenstunden stimmte die Knesset für das «Aufhebungsgesetz» (*hok hahitgabrut*), das es einer Mehrheit des Parlaments ermöglicht, Entscheidungen des Obersten Gerichtshofs aufzuheben. Wenn dieses Gesetz in Kraft tritt, wird der Einfluss der Judikative faktisch ausgeschaltet.

14. März 2023

Am Mittwoch wird Netanjahu nach Berlin fliegen. Einem ausgewiesenen Experten für Sicherheitsfragen zufolge zielen die wöchentlichen Reisen des Premierministers nach Europa darauf ab, die europäischen Staats- und Regierungschefs dazu zu bewegen, gemeinsam mit Washington – das keine Eile hat, ihn einzuladen – die «snap back»-Klausel des früheren Abkommens mit dem Iran gegen die Islamische Republik wirksam werden zu lassen. Dies würde neben anderen Sanktionen auch ein Waffenembargo ermöglichen. Die Waffenexporte Irans nach Russland, die Putin bei seiner Aggression gegen die Ukraine unterstützen, rechtfertigen ein solches «snap back» in hohem Maße. Demselben Beobachter zufolge haben die Europäer bisher zwar höflich zugehört, aber nichts versprochen. Es scheint zweifelhaft, dass sie einem Mann mit einem so angeschlagenen Ruf wie dem heutigen Netanjahu zustimmen werden. Zumindest erlaubt das Ganze ihm und Sara'le ihre allwöchentlichen Eskapaden.

Tausend israelische Persönlichkeiten aus allen Bereichen haben sich in einem Brief an Scholz und Sunak gewandt und sie aufgefordert, sich angesichts des von Netanjahu betriebenen Regimewechsels nicht mit ihm zu treffen.

Das Gesamtbild ist denkbar seltsam: ein modernes und höchst erfolgreiches Land, das unter der Führung eines Politikers, der sich um die ideologischen Ziele seiner Gefolgsleute einen Dreck schert, sondern nur seine eigene Haut retten will, auf seinen Untergang zusteuert. Mehr als die Hälfte der Bevölkerung scheint gegen diesen kollektiven Wahnsinn zu sein, kann diesen Sturz in den nationalen Selbstmord aber anscheinend nicht aufhalten.

Seltsamerweise hat Israel seit seiner Gründung vor 75 Jahren mit denselben scheinbar unvereinbaren Gruppen innerhalb seiner Politik überlebt und prosperiert: einer liberalen, säkularen Mehrheit, den ultraorthodoxen Religiösen und den messianischen Ultranationalisten. Das Anwachsen der beiden Ultra-Gruppen wurde zwar bemerkt, aber nicht als ernsthafte Gefahr angesehen, bis es Netanjahu an der Spitze der traditionellen Rechten gelang, die Koalition zusammenzuschustern, die nun in den Händen der extremsten Elemente liegt. Die Extremen diktieren die Politik, und wenn sie ausgebremst oder zurechtgewiesen werden, drohen sie damit, die Koalition zu verlassen und Neuwahlen zu fordern. Jetzt, da sich die Mehrheit der Bevölkerung gegen sie wendet, wären solche Neuwahlen eine Katastrophe für die traditionelle Rechte, den Likud, für die Ultras, die die Gewinne, die sie momentan erzielen können, verlieren würden, und für Netanjahu persönlich. Sie alle wissen das. Aber wie eine Herde Lemminge stürzen sie weiter voran, dem kollektiven Untergang entgegen, dem Untergang des ganzen Landes.

Morgen wird es Versuche geben, Netanjahus Abreise nach Berlin zu stören. Heute fand vor dem Haus von Mosche Gafni im ultraorthodoxen Bnei Brak eine Demonstration statt. Die Demonstranten wurden mit Tomaten und Eiern beworfen. Im Likud brodelt die Unzufriedenheit über die Richtung, in die sich die Dinge entwickeln.

Wenn die im Reformpaket enthaltenen Gesetze verabschiedet sind und jemand beim Obersten Gerichtshof Einspruch erhebt (und es wird zweifellos viele solcher Einsprüche geben), wird der Gerichtshof über ihre Verfassungsmäßigkeit entscheiden müssen. Es gibt kaum Zweifel daran, dass der Oberste Gerichtshof das gesamte Paket ablehnen wird, wenn keine größeren Änderungen vorgenommen werden. Was dann?

Nach dem Pogrom in Hawara wurden zwei der Rädelsführer verhaftet und vor Gericht gestellt. Das Gericht ließ sie mangels ausreichender Beweise wieder frei. Verteidigungsminister Galant hat sie in Administrativhaft genommen, weil er Beweise dafür hatte, dass sie große Unruhestifter sind. Heute haben 50 Knessetmitglieder der Koalition eine Petition an Galant unterzeichnet, sie freizulassen.

15. März 2023

In Merom Hagalil hat sich ein zwölfjähriges Mädchen wochenlang darauf vorbereitet, bei einer Feier zu singen. Heute wurde ihr Auftritt wegen der Anwesenheit einiger ultraorthodoxer Männer im Publikum abgesagt. In Ramat Gan, einer durch und durch säkularen Stadt, sah sich das städtische Schwimmbad gezwungen, getrennte Badezeiten für Frauen und Männer einzuführen ...

Um sich nicht von anderen übertrumpfen zu lassen, brachte Mosche Gafni ein Gesetz zur massiven Erhöhung der Zahl der Stellenangebote für Charedim (die Ultraorthodoxen) ein. Die Frage ist: Auf welche Art von Arbeit ist man vorbereitet, wenn man keinen regulären schulischen Lehrplan absolviert und nie grundlegende Englisch- oder Mathematikkenntnisse (ganz zu schweigen von irgendetwas anderem) erworben hat außer für Tora und Talmud?

Nach zwei Tagen in den USA eilt Smotrich zurück, um «die Reform zu verfolgen». Vielleicht hat es damit zu tun, dass ihn in Washington niemand treffen will? Die Medien in Israel sind voller Witze über das Englisch unseres Finanzministers. Er war nicht einmal in der Lage, das, was man ihm schriftlich vorlegte, richtig zu lesen. Es scheint ihn freilich nicht zu stören, schließlich hat er seine Zeit damit verbracht, die Palästinenser aus dem gelobten Land Großisrael zu vertreiben, statt zur Schule zu gehen.

Netanjahus Abstecher nach Berlin wird sehr kurz sein: Er reist heute Abend ab und kommt morgen zurück, weil eine Sicherheitsfrage in den letzten Tagen unter Verschluss gehalten wurde. Es gibt zudem Debatten innerhalb der Koalition über einen möglichen Kompromiss bezüglich der Reform. Ein fauler Kompromiss wäre an sich schon schlecht und könnte zudem den Widerstand erlahmen lassen.

In der Sicherheitsfrage wurden Informationen freigegeben: Der Terrorist, der in der Nähe der Megido-Kreuzung in Galiläa eine Bombe versteckt hatte (eine Bombe, die einen Autofahrer schwer verletzte), kam aus dem Libanon ins Land und wurde erschossen, bevor es ihm gelang, wieder über die Grenze zurückzuschlüpfen. Das deutet darauf hin, dass die Hisbollah, möglicherweise in Abstimmung mit der Hamas, plant, Unruhe zu stiften, nachdem sie sich der wachsenden Spaltung der israelischen Gesellschaft bewusst geworden ist, und zwar im Zusammenhang mit verstärkten Terroraktivitäten im Westjordanland und wahrscheinlich auch im Hinblick auf den Beginn des Ramadan am 22. März. Die schiitische Gruppe, ein Stellvertreter des Iran, verfügt über Zehntausende von Raketen, die auf Israels Großstädte und andere strategische Ziele gerichtet sind.

Herzog hat einen sehr vernünftigen und akzeptablen Kompromiss vorgeschlagen: Die Koalition würde demnach im Parlamentsausschuss für die Ernennung von Richtern des Obersten Gerichtshofs keine Mehrheit haben. Für die Verabschiedung von Grundgesetzen würde die Knesset 80 Stimmen und vier Lesungen benötigen. Um grundlegende Gesetze aufzuheben, bräuchte der Oberste Gerichtshof das Votum von zwei Dritteln der insgesamt elf Richter. Das sind nur einige der Vorschläge. Die Koalition lehnte Herzogs Kompromiss sogleich ab. Die

Opposition hat ihn vollumfänglich akzeptiert. Ich hoffe, dass Herzog den einzig würdevollen und mutigen nächsten Schritt wählen wird: den Rücktritt.

Nach Angaben mehrerer Nachrichtenagenturen hat Netanjahu Verhandlungen auf der Grundlage von Herzogs Kompromiss zugestimmt, ihm aber angeblich gesagt: «Überzeuge Levin.» Entweder wusste oder ahnte er, dass Levin den Vorschlag ablehnen würde, und wollte das Bild des weisen Staatsmannes wahren, der sich über parteipolitische Querelen hinwegsetzen kann, oder er, der Mann, der all dies herbeigeführt hat, ist eine Geisel der Extremisten in seiner Koalition.

16. März 2023

Jetzt ist klar: Levin hat mit Rücktritt gedroht, falls Herzogs Kompromiss akzeptiert würde, und er drohte außerdem damit, Smotrich und Ben-Gvir mitzunehmen. Netanjahu hat eingelenkt.

Ben-Gvir fordert die Entlassung der Generalstaatsanwältin.

Demonstrationen in Tel Aviv und Zusammenstöße mit der Polizei und einigen Ultras. In Jerusalem zogen Demonstranten, die als städtische Angestellte verkleidet waren, eine rote Linie vom zentralen Polizeigelände durch die Straßen der Stadt bis zum Obersten Gerichtshof, versehen mit dem Schriftzug in Hebräisch, Arabisch und Englisch: «Drawing the Line». Die Polizei nahm fünf der «Arbeiter» fest.

Armeeeinsatz in Dschenin. Vier Palästinenser werden getötet.

Der ehemalige israelische Premierminister Ehud Olmert fordert die Staats- und Regierungschefs der Welt auf, Netanjahu zu meiden.

17. März 2023

Schabtai zu Ben-Gvir: «Die Polizei wird unpolitisch bleiben und nur nach dem Gesetz handeln.» Ben-Gvir wird einen seiner üblichen Wutanfälle bekommen und dem Polizeichef drohen. Bei seinen Beamten dürfte Schabtai volle Unterstützung finden.

Schriftzug am Haus von Justizminister Levin, während er «Shiva» (Trauer) um seinen Vater hält: «Levin ist ein Feind des Volkes». Der Schriftzug wurde von der Koalition und der Opposition scharf kritisiert.

Ab Sonntag werden rund 750 Reserveoffiziere der Luftwaffe, des Geheimdiensts und der Spezialeinheiten nicht mehr zu Einberufungen erscheinen.

Erste arabische Demonstration in Israel, in Kfar Manda, einem arabischen Dorf in Galiläa. Der Organisator erklärt an der Spitze von etwa 250 Teilnehmern: «Die Ratifizierung der Reformgesetze wird den Arabern im Lande irreversiblen Schaden zufügen.»

In Israel wird die gegenwärtige Situation oft mit der Jom-Kippur-Krise vom Oktober 1973 verglichen, dem Überraschungsangriff der Ägypter und Syrer auf ein gefährlich unvorbereitetes Land. Sie wirkt in vielerlei Hinsicht tatsächlich genauso bedrohlich, nur dass Israel damals am 14. Oktober, nach etwa einer Woche, wieder die Initiative ergriffen hat. Heute verschlimmert sich die Lage seit mehr als zehn Wochen immer weiter, und eine funktionierende Initiative ist nicht in Sicht.

Eine kürzlich durchgeführte Umfrage unter US-Demokraten zeigt, dass sich die traditionelle Sympathie für Israel im Gegensatz zu den Palästinensern umgekehrt hat: Eine Mehrheit sympathisiert jetzt mit den Palästinensern. Die meisten Republikaner unterstützen Israel weiterhin. Beide Ergebnisse könnten Biden in seiner Zurückhaltung bestärken, Netanjahu einzuladen.

Das zuletzt Gesagte lässt sich noch weiter ausführen. Im Oktober 1973 beschloss Nixon eine Luftbrücke für das stark geschwächte Israel, nachdem die Sowjets eine Luftbrücke nach Syrien eingerichtet hatten. Würde Biden, falls sich der schwelende Konflikt zwischen Israel und dem Iran zu einem richtigen Krieg auswachsen sollte und die Stellvertreter des Irans sowie sein neuer Verbündeter, Putins Russland, hinzukämen, Israel gegebenenfalls zu Hilfe kommen? Er hat das einst versprochen, aber jetzt?

Nachrichtenberichten zufolge stimmt es nicht, dass Netanjahu Herzogs Kompromiss akzeptierte, während Levin ihn ablehnte und Netanjahu zu einem Rückzieher zwang. Netanjahu selbst hat den Kompromiss von Anfang an abgelehnt. Wenn das zutrifft, bestätigt es den Ruf des Premierministers als unverbesserlicher Lügner.

18. März 2023

In vier Tagen beginnt der Ramadan: Dutzende von Warnungen vor Anschlägen. Offenbar gibt es eine Absprache zwischen den verschiedenen Palästinenserorganisationen; sie wissen um die tiefe innere Zerrissenheit Israels, das heißt: um seine Schwäche.

Heute Nachmittag elfte Woche der Demonstrationen. Nächsten Donnerstag ein Tag des nationalen Stillstands. Derweil treibt die Koalition die Justizreform voran.

Heute wurde Smotrichs Plan für das Westjordanland in den Nachrichten enthüllt. Er stammt aus dem Jahr 2017. Unser Minister geht von dem Grundsatz aus, dass westlich des Jordans kein palästinensischer Staat zugelassen werden sollte. Auf der Basis dieser Maxime bietet er den Palästinensern drei Optionen an. Option eins: Verbleib in einem jüdischen Staat, der die Bevölkerung der besetzten Gebiete (Judäa und Samaria) als integrierte Minderheit umfasst, die im Laufe der Zeit die israelische Staatsbürgerschaft erhält und alle Vorteile und Verpflichtungen, einschließlich des Dienstes in der Armee, der jüdischen Bürger teilt. Option zwei: Umsiedlung in die benachbarten arabischen Länder. Option drei: Diejenigen, die sich weigern umzusiedeln und palästinensische Nationalisten bleiben, müssen alle Härten ertragen, die israelische Armee und Polizei mit sich bringen. Jetzt verstehe ich besser, was mein Freund Eli Ben-Elissar mit friedlicher Koexistenz meinte.

Glaubt Smotrich, der angeblich ein intelligenter Fanatiker ist, dass die Welt Israel in aller Ruhe einen solchen Plan umsetzen lässt – dass insbesondere die USA dabei behilflich sein werden? Sein jüngster Ausflug nach Washington hat ihn hoffentlich einiges gelehrt. Aber, intelligent oder nicht, er ist nach wie vor ein Fanatiker. Schande über ihn, wenn er seine Pläne nicht ändern sollte!

In Tel Aviv schlossen sich Hunderte von Frauen der Demonstration an, gekleidet in die symbolischen roten Umhänge aus Margaret Atwoods Dystopie *Der Report der Magd*, um ihren Widerstand gegen die männliche Diktatur, die die Ultraorthodoxen durchsetzen wollen, zum Ausdruck zu bringen.

19. März 2023

Netanjahu hat den Generalstabschef angewiesen, gegen die Weigerung der Reservisten, sich aus Protest gegen die Justizreform zu melden, vorzugehen; auch den Polizeikommandanten hat er angewiesen, entschlossen gegen die Demonstranten vorzugehen. Darüber hinaus gab er Berichten zufolge dem Leiter des Schin Bet Anweisung, wegen der Morddrohungen gegen ihn selbst, seine Familie und verschiedene Parlamentarier der Koalition in erhöhter Alarmbereitschaft zu bleiben. Der Hauptbrandstifter warnt andere vor den Freiwilligen, die die Flammen bekämpfen. Der Mann ist ganz offensichtlich gestört. Im Likud ist man höflicher: Sie sagen, dass Netanjahu nicht mehr er selbst ist.

Ein israelisches Auto wird in Huwara beschossen: Zwei Menschen werden verletzt.

Palästinensische und israelische Delegationen treffen sich im ägyptischen Scharm El-Scheich, um die Situation am Vorabend des Ramadan zu entschärfen. Israel hat Berichten zufolge versprochen, in den nächsten vier Monaten nicht in den besetzten Gebieten zu bauen. Und was geschieht danach?

Der israelische TV-Nachrichtensender 14, ähnlich wie Fox News in den USA eine Quelle für rechtsgerichtete Nachrichten und Verschwörungstheorien, wird zum beliebtesten Sender des Landes. Kürzlich ließ er seine Zuschauer wissen, dass die CIA hinter den Demonstrationen gegen die Justizreform stecke ...

Rothman, der Vorsitzende des Justizausschusses, hat ein paar eigene Ideen zur Aufweichung der Justizreform vorgelegt. Netanjahu erwägt angeblich Rothmans Vorschlag, wonach der Ernennungsausschuss für Richter (in dem die Koalition eine Mehrheit hat) zwei liberale Richter des Obersten Gerichtshofs, darunter die Präsidentin Esther Chajut, die voraussichtlich in den Ruhestand gehen wird, durch konservativere Richter ersetzen soll. Nach zwei Jahren wird der Ausschuss eine Erweiterung seiner Mitgliederzahl prüfen. Die anderen Gesetze des Reformpakets würden in der Zwischenzeit auf Eis gelegt. Es wäre sehr merkwürdig, wenn die Opposition bereit wäre, einen Vorschlag zu diskutieren, der offensichtlich darauf abzielt, Netanjahu und Deri auf sicheren Boden zu bringen.

Biden hat zum ersten Mal seit drei Monaten mit Netanjahu gesprochen. Es scheint klar zu sein, dass der Premierminister die erhoffte Einladung ins Weiße Haus nicht erhalten wird, solange die Reform des Justizwesens eine

Quelle interner Zwietracht ist und solange die Bemühungen um eine Deeskalation der Spannungen mit den Palästinensern nicht ernsthaft umgesetzt werden. Gut für Biden.

In Damaskus wurde der Chefstratege des Islamischen Dschihad getötet, wahrscheinlich von israelischen Agenten.

20. März 2023

Die Opposition lehnt den von Rothman ausgearbeiteten und von Netanjahu akzeptierten Kompromiss ab. Das war von Anfang an absehbar. Die Koalition steht vor einem echten Dilemma: Der Premierminister hat seinen Gefolgsleuten mitgeteilt, dass Verteidigungsminister Galant zurücktreten wird, wenn angesichts der Situation in der Armee kein akzeptabler Kompromiss gefunden wird. Avi Maoz kündigte an, dass er nicht automatisch mit der Koalition stimmen, sondern von Fall zu Fall entscheiden werde. Eine Reihe von Likud-Abgeordneten bezeichnete Rothmans Kompromiss als Kapitulation. Es ist schwer vorstellbar, wie Netanjahu ohne einen echten Kompromiss, zumindest im Sinne von Herzogs Vorschlag, aus der Sache herauskommen will.

In einer Rede vor ehemaligen Betar-Mitgliedern (der Jugendbewegung von Menachem Begins Irgun) in Paris erklärte Smotrich bei einem Privatbesuch: «Es gibt kein palästinensisches Volk, die Palästinenser sind eine nicht einmal hundert Jahre alte Erfindung. Meine Großeltern waren die wahren Palästinenser», usw.

In Paris war Betar bereits in den Jahren unmittelbar nach dem Zweiten Weltkrieg stark. Nachdem die sozialistischen Habonim (Die Erbauer) sich geweigert hatten, mich in den Monaten vor der Staatsgründung 1948 nach Eretz Israel zu schicken, weil ich zu jung zum Kämpfen war, änderte ich das Geburtsdatum in meinem Ausweis von 1932 auf 1930 und meldete mich auf Anraten eines Freundes im Hauptquartier von Betar, dem Hôtel des Deux Mondes in der Avenue de l'Opéra. Sie fragten mich aus: «Was willst du?» Mein Freund hatte mich vorbereitet, und ich erwiderte wie aus der Pistole geschossen: «Beide Ufer des Jordans!» – genau so sah Smotrichs Karte von Großisrael aus, die während seiner Rede neben dem Podium zu sehen war und die Jordanier erzürnte. 1948 hatte ich nur eine verschwommene Vorstellung davon, was beide Ufer des Jordans bedeuteten.

Die Pariser Betar-Führer waren Hitzköpfe, und als Menachem Begin, der Kommandeur der Irgun, Mitte Juni 1948 seine Bereitschaft bekundete, die Abfahrt der Altalena mit 900 Passagieren und tonnenweise Waffen an Bord (die zu diesem Zeitpunkt in Port de Bouc vor Anker lag) aufgrund von Ben-Gurions Befehl abzusagen, gaben die Leiter der Pariser Betar dem Schiff den Befehl zum Auslaufen.

Der Likud hat den «Kompromiss» von Rothman in Bezug auf die Reform akzeptiert, insbesondere was die Ernennung der nächsten beiden Richter betrifft. Die Abstimmung in der Knesset wird morgen beginnen. Natürlich wird das Gesetz verabschiedet werden. Netanjahu wird alles tun, um einer Verurteilung zu entgehen. Der Oberste Gerichtshof wird sich wahrscheinlich gegen das

Gesetz aussprechen. Justizminister Levin hat heute erklärt, dass die Knesset keinen Widerstand von Seiten des Gerichts zulassen wird.

Die Knesset wird heute in einer ersten Runde für das Gesetz stimmen, das eine gerichtliche Entscheidung über das Recht eines Ministers auf Ausübung seines Amtes ausschließt. Das Argument der Koalition für das Gesetz lautet, dass ein Eingreifen der Justiz dem Wählervotum zuwiderlaufen würde. Kurz gesagt, es ist ein Votum für die Demokratie und dafür, Arje Deri wieder in die Regierung zu bringen. Informell trägt das Gesetz die Bezeichnung «Deri-2»-Gesetz. Um endgültig verabschiedet zu werden, muss das Gesetz zwei weitere Abstimmungen überstehen. Es wird durchgehen. Allerdings ist nach wie vor wahrscheinlich, dass der Oberste Gerichtshof das Gesetz für verfassungswidrig erklären wird. Wird die Knesset das auch nicht zulassen? Vermutlich wird dies alles in den nächsten zwei Wochen geschehen, vor Pessach.

Die Spannungen zwischen Ben-Gvir und Polizeichef Schabtai verschärfen sich: Der Kommandeur wollte einen seiner höheren Offiziere für einen wichtigen Posten ernennen, aber Ben-Gvir weigerte sich, die Ernennung zu bestätigen. Schabtai machte den Offizier daraufhin zu seinem persönlichen Assistenten, doch der Minister hat die Ernennung bisher nicht abgesegnet. Unterdessen droht der Abgeordnete Amsalem dem Polizeichef: Es werden Leute verhaftet werden, und es wäre schön, wenn er nicht darunter wäre.

21. März 2023

Gestern hat die Knesset den 2005 unter «Arik» Scharon gefassten Beschluss zur Räumung einiger Siedlungen in der Nähe von Nablus rückgängig gemacht. Die Knesset nennt den jetzigen Schritt «Aufhebung des Trennungsgesetzes». In eine der Siedlungen, Homesch, die zum Symbol wurde, waren bereits Siedler eingedrungen. Jetzt haben die Siedler gesiegt. Peace Now erklärte: «Wir erleben gerade eine messianische Revolution … Diese Regierung wird unser Land unweigerlich zerstören.» Das stimmt, aber was tun die Leute, um die Revolution zu stoppen? Nur massiver ziviler Ungehorsam wird helfen. Leider bleibt der Gewerkschaftsdachverband Histadrut, der Subventionen von Smotrich erhalten hat, passiv.

Das US-Außenministerium nannte die Aufhebung des Trennungsgesetzes eine Provokation, die alle Deeskalationsbemühungen zunichte mache.

Die Organisation der Reserveoffiziere, die den Marsch nach Jerusalem initiiert hat, warnte, dass Tausende von ihnen sich weigern würden, Einberufungen zu folgen, wenn die Knesset die Reform bestätigt. In einer Botschaft an Galant ließen sie ihn wissen: «Die Armee, für die Sie verantwortlich sind, wird vor Ihren Augen in Stücke zerfallen.»

Likud-Wirtschaftsminister Barkat erklärte, sollte sich der Oberste Gerichtshof gegen den Kompromiss von Rothman aussprechen, werde er sich dieser Entscheidung fügen. Ungewöhnlich und interessant. Im Likud heißt es, dass Barkat dies nicht von sich aus erklärt hat. Hat Netanjahu die Leiter gefunden, mit der er von seinem Baum herunterklettern kann? Bedeutet es, dass Levin und Rothman ersetzt werden müssen? Könnte es zu einer Rebellion der Hardliner des Likud kommen? Faszinierend und möglicherweise vielversprechend.

22. März 2023

Nach einer amerikanischen Rüge verkündet Netanjahu, dass die Aufhebung des Trennungsgesetzes die Aufhebung eines demütigenden Gesetzes sei, dass aber die Siedler nicht in die fünf geräumten Gebiete zurückkehren würden. Wie wird Smotrich reagieren?

In einem *Ha'aretz*-Artikel wurde eine Fake-Operation des Militärgeheimdiensts während des Gaza-Krieges 2021 aufgedeckt, die sich gegen israelische Bürger richtete. Das ist ein beschämender Versuch, die eigene öffentliche Meinung für eine zerstörerische Militärkampagne zu mobilisieren. Es war möglicherweise das erste Mal – aber wer weiß? –, und soweit wir feststellen können, hat es niemanden beeinflusst. Was werden wir in ein paar Jahren noch herausfinden?

Zu Beginn dieser Knesset-Sitzung brachte Mosche Gafni vom Vereinigten Tora-Judentum ein Gesetz ein, das christliche Missionstätigkeit unter Juden in Israel mit Gefängnisstrafe bedroht. Christen betrachteten das als Verfolgung. Netanjahu hat sie heute beruhigt: Es werden keine Maßnahmen gegen christliche Aktivitäten ergriffen werden. Unsere politischen und religiösen Eiferer halten nicht einen Moment inne. Sie greifen von allen Seiten an, ohne Unterlass. Sie wissen um ihre einmalige Chance und wollen sie nicht verpassen.

23. März 2023

Die Knesset stimmt über das «Amtsenthebungsgesetz» ab, das die Bedingungen einschränkt, unter denen ein amtierender Premierminister abgesetzt werden kann. Damit soll Netanjahu davor bewahrt werden, aufgrund der gegen ihn erhobenen Anklagen sein Amt aufgeben zu müssen.

Massendemonstrationen im ganzen Land, insbesondere in Bnei Brak, der Charedim-Gegend.

Verteidigungsminister Galant kündigte am Morgen an, er werde eine Erklärung abgeben. Es wird erwartet, dass Netanjahu am Abend sprechen wird. Jetzt, um 21 Uhr, hat Galant nach Rücksprache mit dem Premierminister beschlossen, nichts zu sagen. Alle warten auf die Erklärung von Netanjahu.

Netanjahu hat gesprochen. Er kündigte an, dass er sich in die Justizreform einmischen werde (da die Knesset das Amtsenthebungsgesetz geändert hat, das seine Einmischung in Justizangelegenheiten bislang ausschloss). Allen Beobachtern zufolge (und auch meiner Meinung nach) hat er nichts Neues gesagt, außer dass er seine persönliche Beteiligung an der Reform verkündete und bat: «Vertrauen Sie mir.» Das reicht nun wirklich nicht. Die Krise wird noch schlimmer werden. Lapid kommentierte mit einem abgewandelten Bibelspruch: «Die Stimme ist Netanjahus Stimme, aber die Hände sind Levins Hände.»

Die Generalstaatsanwältin zu Netanjahu: «Sie dürfen sich nicht in Rechtsfragen einmischen, Sie handeln gegen das Gesetz.»

24. März 2023

Galant wird sich wahrscheinlich schon bald äußern. Dutzende von Reservepiloten werden sich in der kommenden Woche nicht zur Einberufung melden. Netanjahu ist in London und hat sich mit Sunak getroffen. Entgegen aller Tradition gab es nach den Gesprächen keine gemeinsame Erklärung. Eine Gruppe von Israelis demonstrierte gegen Netanjahu, und zwar entlang der gesamten Strecke vom Flughafen bis zu den Stufen vor Downing Street Nr. 10. Aber wie üblich genießen die Netanjahus ihren Ausflug nach Europa (den dritten innerhalb eines Monats). Vielleicht haben sie aber auch gar nicht so viel Freude dran. Sara'le hoffte, ihr Hotel durch einen Hinterausgang verlassen zu können, aber die Demonstranten harrten an allen Vorder- und Hinterausgängen aus. Die armen Netanjahus.

Eine mutige Rede des Präsidenten meiner Universität, der Universität Tel Aviv, gegen die Justizreform. Er sprach von einem möglichen Streik an der Universität. Werden andere Universitäten folgen? Ich frage mich, ob es nicht finanzielle Repressalien geben wird.

Das Einzige, was Netanjahus seltsames Verhalten erklären könnte, ist, dass er in naher Zukunft einen Angriff auf den Iran plant. Das würde den Protesten ein Ende machen, die nationale Einheit wiederherstellen und seine Haut retten. Es könnte schwere Vergeltungsmaßnahmen seitens des Irans und seiner Verbündeten, insbesondere der Hisbollah, bedeuten und einen sehr schwierigen Moment für Israel heraufbeschwören.

Nach recht präzisen und detaillierten Informationen wird auf der Gegenseite rege über zwei mögliche Strategien debattiert: den Untergang Israels aufgrund der sich verschärfenden inneren Spaltung zu befördern oder Israel bis zum Ende im eigenen Saft schmoren zu lassen. Das Argument für ein Nichteingreifen lautet, dass jede Einmischung ein Ende der innerisraelischen Krise bedeuten würde.

Die Armee, die für die Sicherheitslage im Westjordanland verantwortlich ist, setzt alle möglichen Mittel zur Deeskalation ein, zumal der Beginn des Ramadan bevorsteht. In direktem Gegensatz zu dieser Politik treiben Ben-Gvir und die Polizei die Zerstörung von Häusern voran, die ohne Genehmigung in Ostjerusalem gebaut wurden, und haben jegliche Teilerleichterung für palästinensische Sicherheitshäftlinge gestrichen. Die Palästinenser betrachten die Maßnahmen von Ben-Gvir als Ausdruck der offiziellen israelischen Politik, ebenso wie die Erklärungen von Smotrich usw. In dem Maße, wie die Regierung die Maßnahmen Ben-Gvirs akzeptiert, werden sie in der Tat zur offiziellen israelischen Politik.

Wenn die Generalstaatsanwältin den vorliegenden Fall des illegalen Verhaltens von Netanjahu an den Obersten Gerichtshof weiterleitet, und wenn der Oberste Gerichtshof Netanjahu wegen Rechtsbruchs verurteilt und Netanjahu nicht entsprechend der Entscheidung des Gerichts (wie auch immer sie ausfällt) reagiert, wird das Land offiziell in eine ausgewachsene Regierungskrise geraten sein.

Laut einer Umfrage von heute war eine Mehrheit der Israelis von Netanjahus Rede nicht überzeugt, und eine Mehrheit ist auch der Meinung, dass Galant zurücktreten sollte. Apropos Rücktritt: Von Herzog hört man gar nichts mehr.

Morgen zwölfte Woche der Demonstrationen. Die nächste Woche wird eine des «nationalen Stillstands» sein.

25. März 2023

Die Proteste gegen die Justizreform weiten sich auf die Wehrpflichtigen aus. Tausende von Demonstranten vor dem Haus von Verteidigungsminister Galant. Das einzige Mal, dass Demonstranten einen Verteidigungsminister in Israel belästigt haben, waren die Proteste gegen Dajan nach dem Jom-Kippur-Krieg. Er wurde für die anfängliche Katastrophe verantwortlich gemacht; Galant wird für die kommende Katastrophe verantwortlich gemacht.

Galant wird heute Abend sprechen.

Überall im Land haben massive Proteste begonnen.

Anfang der Woche wird ein umfangreiches Paket von
141 Gesetzen zur abschließenden Lesung und Abstimmung vorgelegt, und das alles vor Pessach und der Parlamentspause. Unter den Gesetzen sind auch das «Chametz»-Gesetz und einige andere, die von den Ultraorthodoxen gefordert werden. Unterdessen wurde das Ehepaar Netanjahu beim Abendessen im Savoy beobachtet: Er isst Hummer, so ziemlich das unkoscherste Gericht, das es gibt. Die zwei Gesichter des Benjamin Netanjahu. Die lächerliche Seite des Dramas.

In Huwara wurden zwei Israelis durch Schüsse aus einem vorbeifahrenden Auto heraus verletzt.

Galant hat einen Aufschub der Reform beantragt. Ihm zufolge hat die Spaltung auch die Armee erreicht, und es besteht eine konkrete Gefahr für die Sicherheit des Landes. Da dies von einem Likud-Minister kommt, dem wichtigsten im Kabinett nach Netanjahu, könnte das ein Wendepunkt sein. Drei weitere Likud-Abgeordnete, Avi Dichter, David Biton und Juli Edelstein, fordern dasselbe: eine Verschiebung bis nach dem Unabhängigkeitstag, d. h. eine Verschiebung bis Mai, was zu großen Veränderungen führen kann. Großer Beifall bei den Demonstranten im ganzen Land. Mal sehen, wie Netanjahu reagieren wird. Es scheint, dass er keine andere Wahl hat als zu verschieben. Das könnte das Ende seiner Koalition bedeuten, aber sicher ist das nicht.

Natürlich versucht Ben-Gvir, Galant und alle, die einen Aufschub der Reform fordern, zu entlassen. Die apokalyptische, aber nicht unrealistische Aussicht könnte sein, dass die Verrückten die Verschiebung akzeptieren, geduldig bis nach dem Unabhängigkeitstag warten und dann die Reform bis zum bitteren Ende fortsetzen. Es wäre schwierig, die Proteste nach einer solchen Pause wieder aufzunehmen.

26. März 2023

Der Generalstabschef, der Leiter des Mossad und der Leiter des Schin Bet sprechen eine gemeinsame Warnung aus: Die Fortsetzung der Gesetzgebungskampagne stellt eine konkrete Gefahr für die Sicherheit des Landes dar. Israels Feinde wissen um die innere Spaltung und sind bereit, sie auszunutzen. Deutlicher kann man es nicht sagen.

Ehemalige Generalstabschefs und Dutzende von Generälen im Ruhestand erklärten, Galants Warnung mit Blick auf die Sicherheit des Landes erfordere eine sofortige Sitzung des Sicherheitskabinetts. Indem Netanjahu es vermeidet, eine solche Sitzung einzuberufen, trägt er persönlich die Verantwortung für die schlimmen Folgen, die sich daraus möglicherweise ergeben. Wieder keine Reaktion von ihm.

Ein weiterer Netanjahu-Trick: Über das Gesetz zur Ernennung von Richtern wird wahrscheinlich heute abgestimmt, aber der Richterwahlausschuss wird erst nach Verhandlungen mit der Opposition eingesetzt. Das Angebot für solche Verhandlungen hat er Herzog und Gantz gemacht. Herzog antwortete mit einem klaren «Nein». Gantz scheint gesprächsbereit zu sein. Wie naiv kann man sein? Oder wie verzweifelt bemüht, beim Paten gut dazustehen?

Verteidigungsminister Galant ist entlassen worden. Ein wahrer Protesttsunami mitten in der Nacht. Hunderttausende auf den Straßen. Die Polizei wird damit nicht fertig. Brände auf der Ayalon, der Hauptverkehrsstraße von und nach Tel Aviv. Unglaublich. Stadtoberhäupter und Ortsbürgermeister werden morgen in den Hungerstreik treten. Die Gewerkschaften schließen sich den Protesten an. Ab morgen werden auch die Universitäten bestreikt. Der israelische Generalkonsul in New York ist zurückgetreten.

Netanjahu hat mitten in der Nacht eine Kabinettssitzung einberufen. Ein ranghohes Mitglied des Likud erklärte, Netanjahu und Levin würden den Likud zerstören. Die Ultraorthodoxen sind für eine Durchsetzung der Reform, aber sie werden akzeptieren, was Netanjahu entscheidet ... Deri erklärte dasselbe. Levin ist gegen einen Stopp. Ich bin stolz auf Israel und die Israelis. Hoffentlich ist das Ende von Netanjahu nahe.

Diesmal gaben Lapid und Gantz eine gemeinsame Erklärung ab: Sie fordern die Mitglieder des Likud auf, sich zu weigern, Galant zu ersetzen (die beiden Kandidaten sind Dichter und Barkat): «Jeder, der bereit ist, ihn zu ersetzen, lädt Schande auf sich.» Es ist schwer vorstellbar, dass irgendjemand so dumm sein könnte, den Posten zu übernehmen. Natürlich könnte Netanjahu beschließen, das Ministerium selbst zu übernehmen.

Als ich mir die Massendemonstrationen in den Abendnachrichten ansah, kam mir der Gedanke, dass selbst extrem aufgeladene Proteste, die in vielen anderen Ländern bereits in Gewalt ausgeartet wären, in Israel bislang «bon enfant» bleiben. Juden sind an Gewalt gegen sie gewöhnt, nicht aber an innerjüdische Gewalt. Vor einigen Wochen habe ich davon gesprochen, die Demonstranten seien zu höflich: Das stimmt, aber das ist typisch für israelische Demonstrationen und das ist, wie ich zugebe, zum Glück so. Selbst die tiefsitzenden gesellschaftlichen Ressentiments, die einem Teil der Krise zugrunde liegen, ändern nichts an solchen atavistischen Normen.

Dem mag die Tatsache widersprechen, dass Rabin ermordet wurde und dass vereinzelte Gewalttaten im Alltag an der Tagesordnung sind. Ich denke, dass es bei den

Massendemonstrationen so gewaltlos bleiben wird, aber wir werden sehen, was passieren wird.

27. März 2023

70 000 Demonstranten an diesem Montagmorgen vor der Knesset. Die Ayalon-Autobahn nach Tel Aviv wurde immer wieder blockiert. Die meisten Flüge zum und vom Flughafen Ben-Gurion sind gestrichen. Die Beteiligung der Histadrut scheint in vielen Bereichen sehr effektiv zu sein.

Galant hat noch kein offizielles Entlassungsschreiben erhalten. Er hat vor dem von Edelstein geleiteten Parlamentsausschuss für Sicherheit und auswärtige Angelegenheiten gesprochen und die prekäre Lage des Landes erläutert.

Die Schülervertretungen der Mittel- und Oberschulen haben beschlossen, ab morgen zu streiken.

Netanjahu wird Berichten zufolge einen Stopp der Reform des Justizwesens verkünden, hat dies aber noch nicht getan. Levin sagte, er werde jede Entscheidung akzeptieren. Smotrich und Ben-Gvir sind gegen jede Unterbrechung. Natürlich. Aber selbst Ben-Gvir hat noch nicht entschieden, ob er gegen die Koalition stimmen und sie zu Fall bringen wird. Was den Premierminister wahrscheinlich beunruhigt, ist eine Abspaltung der extremen Rechten innerhalb des Likud. Außerdem wurde eine Gegenkundgebung der Rechten angekündigt. Es sieht so aus, als würde die Reform auf die Sitzungsperiode der Knesset im Sommer verschoben werden. Netanjahu will möglicherweise abwarten, wie die Gegenproteste ausfallen.

Nach Angaben von Nachrichtenagenturen sind rechte Gegendemonstranten auf dem Weg nach Jerusalem zum Obersten Gerichtshof. Netanjahu und Ben-Gvir haben offenbar beschlossen, den Reformprozess nicht abzubrechen, sondern nur zu verlangsamen. Bis Juli soll er abgeschlossen sein. Wahrscheinlich hoffen sie, dass die Demonstrationen an Schwung verlieren, wenn sie für zwei oder drei Monate unterbrochen werden müssen, und anschließend die Energie fehlt, sie wieder aufzunehmen.

Ben-Gvir, so wird berichtet, wird eine neue Privatarmee erhalten, parallel zur Polizei: eine «Nationalgarde». Das ist sein Preis für den Verbleib in der Koalition. Wenn Ben-Gvir diese Privattruppe bekommt, könnte er zu gegebener Zeit versuchen, seine Gegner auf der Straße zu bekämpfen. Das ist brandgefährlich.

Etwa 20 000 Anhänger der Koalition demonstrierten vor dem Obersten Gerichtshof und an anderen Orten in Jerusalem. Aus den Bildern gewinnt man den Eindruck, dass es sich im Wesentlichen um Studenten der Jeschiwot handelt, was sie nicht weniger gefährlich macht.

Netanjahu kündigte die Verschiebung der Reform auf Ende Juli an, um Zeit für Schlichtungsgespräche zu haben. Er begrüßte die Verhandlungsbereitschaft von Gantz. Der Chef der Histadrut erklärte die Streiks sogleich für beendet. Ich bin mir nicht sicher, ob die Opposition einlenken und geduldig den Sommer abwarten wird. Wahrscheinlich wird die Koalitionsmehrheit nach dem Sommer, möglicherweise nach einigen kleinen Änderungen, auf die Ratifizierung des Reformpakets drängen. Im Moment will niemand den Anschein erwecken, dass er gegen die Auszeit ist.

Ben-Gvir hat seine Privatarmee bekommen, aber es wird ein erheblicher juristischer Aufwand nötig sein, damit sie offiziell wird, und darüber hinaus komplizierte Verhandlungen mit der Polizei erfordern, um die jeweiligen Zuständigkeitsbereiche beider Waffenträger abzugrenzen. Von einer offiziellen Privatarmee in einer Demokratie hat man bisher wahrscheinlich noch nie etwas gehört.

In Tel Aviv wurden die Demonstrationen fortgesetzt. Um die Ayalon freizumachen, setzte die Polizei Blendgranaten und Wasserwerfer ein.

Gantz und Lapid erklärten ihre Bereitschaft zu Verhandlungen. Lapid war dabei deutlich vorsichtiger als Gantz: Er erwähnte die Möglichkeit eines Tricks – kein Wunder angesichts seiner bisherigen Erfahrungen mit dem unverbesserlichen Trickser und Lügner Netanjahu.

Auf jeden Fall erklärte Herzog, der Amtssitz des Präsidenten stehe für Gespräche offen.

Nach den jüngsten Umfragen hat die Koalition elf Mandate verloren. Gantz käme auf 22 Mandate, Lapid auf 21. Der Likud würde von 32 auf 25 schrumpfen.

28. März 2023

Die *New York Times* und das *Time Magazine* scheinen besser als unsere eigenen (israelischen) Nachrichtenagenturen zu verstehen, dass Netanjahu völlig verrückt geworden ist und zunehmend erratisch handelt. Sein Balanceakt hat keine Chance auf Erfolg. Er wird wahrscheinlich als Geisel seiner rechtsextremen Gefolgsleute und seines völlig durchgeknallten Sohnes Yair enden, seine einzige Hoffnung, an der Macht zu bleiben, bis Massenproteste ihn zu Fall bringen.

Das Gespräch zwischen Vertretern beider Lager wird heute Abend in der Residenz des Präsidenten beginnen. Im Prinzip sollte es so ablaufen, aber ich bin nach wie vor sehr skeptisch, was die Absichten der Koalition betrifft. Es ist schwer zu glauben, dass Netanjahu seine Delegierten angewiesen hat, echte Verhandlungen zu führen, bei denen ein echter Kompromiss in Sicht ist. Ihr Ziel ist es wahrscheinlich, lange genug zu diskutieren, um die Massenproteste abzuschwächen, und dann erneut loszuschlagen und die Reform durch die Knesset zu bringen. Alles wird davon abhängen, wie stark die Massenproteste sind.

Es freut mich zu sehen, dass mehrere Journalisten von *Ha'aretz* und die Anführer der Protestbewegung genauso skeptisch sind wie ich. Offenbar ging die Koalition sogar so weit, in Polen um Rat nachzufragen, wo derselbe Prozess stattgefunden hat und wo es ebenfalls Massenproteste gegen eine 2015 eingeleitete «Justizreform» gab. Irgendwann dachte die Opposition, sie hätte wegen der «Schlichtungsgespräche» gewonnen. Die Verhandlungen verliefen im Sande, aber in der Zwischenzeit erlahmte der Widerstand, und nachdem die Regierung scheinbar eingelenkt hatte, ging sie erneut zum Angriff über und brachte die ursprüngliche Reform durchs Parlament. Jetzt bewegt sich nichts mehr.

Für Samstagabend ist eine Protestdemonstration angekündigt worden. Mal sehen, was daraus wird. Übrigens war die sogenannte «spontane Demonstration» für die Reform im Vorfeld sehr gut organisiert, und die Teilnehmer wurden gewalttätig, als es ihnen gelang, auf die Demonstranten der Opposition loszugehen. So viel zu meinen Theorien über jüdische Gewalt. All dies wird höchst explosiv werden, sobald Ben-Gvirs Privatarmee aufgestellt ist.

Einige neue Gesetze werden warten müssen, nicht aber das Gesetz, das es Knessetmitgliedern und ihren Familien erlaubt, Netanjahu Spenden zukommen zu lassen. Wie sonst sollten die verarmte Sara'le ihren Friseur und Netanjahu seinen Hummer im Savoy bezahlen?

In seiner Pressekonferenz war Biden sehr deutlich: «Israel kann so nicht weitermachen.» Er fügte hinzu, dass er, wie viele Unterstützer Israels, sehr besorgt sei. Zu den Worten des US-Botschafters in Israel, Netanjahu werde nach dem Pessachfest und dem Ramadan ins Weiße Haus eingeladen, erklärte ein Sprecher des Weißen Hauses, dass derzeit keine Einladung geplant sei. Das sollte ein wenig helfen.

Zum Erstaunen der Opposition wurde der Gesetzesvorschlag zur Ernennung von Richtern eingebracht und für eine zweite und dritte Abstimmung vorbereitet, die jeden Moment stattfinden können. Es ist das wichtigste Gesetz, über das beim Präsidenten gesprochen werden muss. Die Koalition behauptet, das Einbringen des Gesetzes sei ein rein formaler Verfahrensschritt.

29. März 2023

In seiner Pressekonferenz sagte Joe Biden, Israel sollte die Justizreform aufgeben. Heute antwortete Netanjahu, Israel sei ein souveränes Land, und selbst die besten Freunde sollten sich nicht in seine inneren Angelegenheiten einmischen.

Lapid zitiert irgendeinen Ausspruch von Levin gegenüber einem der Likud-Abgeordneten, um zu zeigen, dass der Justizminister nicht die geringste Absicht hat, an der Gesetzesreform etwas zu ändern. Levin bestreitet das. Die meisten Oppositionspolitiker sind skeptisch, was Netanjahus Absichten betrifft, und halten die Aufnahme von Schlichtungsgesprächen für ein taktisches Manöver, mit dem lediglich die Protestbewegung geschwächt werden soll. Sie haben Recht, und die Tatsache, dass das Gesetz über das Justizwesen plötzlich für die zweite und dritte Lesung eingebracht wurde, ist ein deutlicher Beleg dafür. Hoffentlich werden die geplanten Demonstrationen am kommenden Samstag Netanjahu deutlich machen, dass sein Trick nicht funktioniert.

Das alles erinnert mich an jenen Supergauner, dessen Tricks in der folgenden Geschichte über Autofahrer, die an eine Kreuzung kommen, treffend beschrieben wurden. Der Betrüger verspricht, sich an die Regeln zu halten, aber jedes Mal, wenn er eine Kreuzung erreicht, gibt er Gas und nimmt die Vorfahrt für sich in Anspruch, statt zu warten, bis er an der Reihe ist. Natürlich lassen ihn die anderen Autofahrer passieren, um einen Unfall zu vermeiden. Dieser Trick funktioniert neunmal hintereinander, doch an der zehnten Kreuzung beschließt ein anderer Fahrer, sich an die Verkehrsregeln zu halten, und es kommt zu einem Unfall. Den überlebt der Gauner nicht.

Es scheint, dass eine Mehrheit der Koalitionsabgeordneten dagegen ist, jetzt über die «Beiträge zum Netanjahu-Gesetz» abzustimmen, ein beschämendes Gesetz, das bis zum Himmel nach Korruption stinkt.

Der schon oft erwähnte Unterschied in Sachen sozialer Herkunft zwischen den Anhängern der Koalition und denen der Opposition fand seinen traurigen Ausdruck in dem Brief, den Dutzende von Mechanikern der Luftwaffe heute an den Verteidigungsminister, den Generalstabschef und den Kommandeur der Luftwaffe geschickt haben. Sie erklärten, die Ankündigung von 37 Kampfpiloten (die als aschkenasische Elite angesehen werden), den Einberufungen nicht Folge zu leisten, wenn die Justizreform nicht überarbeitet wird, vermittle ihnen das Gefühl, Bürger zweiter Klasse zu sein. Sie fordern, diese Piloten vom Dienst zu suspendieren, wenn sie sich für ihre Initiative nicht entschuldigen. Ganz allgemein ist diese soziale Kluft die tragische Seite der politischen Spaltung, ein Aspekt, den Begin in den 1970er Jahren ausspielte und den Netanjahu vor allem seit seinem Wahlkampf 2022 eifrig weiter kultiviert.

30. März 2023

Es sieht so aus, als würde Galant im Amt bleiben, auch wenn er sich möglicherweise dafür entschuldigen muss, dass er öffentlich seine Besorgnis über die Sicherheit Israels kundgetan hat, während Netanjahu in London war.

Unterdessen schließt sich der religiös-nationalistische Extremist Avichai Boaron den Likud-Abgeordneten an, die Amsalem ersetzen wollen, der zum Minister im Justizministerium ernannt wurde (inwieweit sein Zuständigkeitsbereich mit dem von Levin kollidieren wird, bleibt abzuwarten). Dieser neue Parlamentarier ist ein besonders fanatischer Vertreter der «Bürger zweiter Klasse» und einer der Organisatoren der Demonstration für die Justizreform in Jerusalem. Heute werden sie in Tel Aviv vom Museumsplatz zum Regierungsviertel marschieren. Die gesellschaftlichen Ressentiments haben diese politische Konfrontation in ein Pulverfass verwandelt, das Netanjahu gnadenlos ausnutzt, um sein politisch-juristisches Ziel zu erreichen.

Wenn Netanjahu und seine Gefolgsleute diese Kundgebung der Rechten, die sie selbst organisiert haben, ernst nehmen oder auch nur so tun, als ob, können sie sie im Laufe der Zeit als Ausdruck des Volkswillens hinstellen. Es ist schwer vorstellbar, was sie davon abhalten könnte. Nur äußerer Druck kann dies bewirken, aber wird Biden über bloße Worte hinausgehen?

Ein kleines Zeichen der Hoffnung: Im Hayarkon-Park in Tel Aviv haben verschiedene Organisationen rund 2000 junge Menschen aus allen sozialen Schichten und politischen Lagern zusammengebracht, um Gespräche zu initiieren und die Einheit des Landes wiederherzustellen. Wenn diese Bemühungen zunehmen, haben sie vielleicht eine winzige Chance.

Es mag mitunter so aussehen, als ob sich meine Ausführungen widersprechen, aber das ist lediglich Ausdruck meiner widersprüchlichen Befürchtungen und Hoffnungen. Tut mir leid, aber die Situation ist nun einmal voller Widersprüche, und ich fühle mich von widersprüchlichen Gefühlen geplagt.

31. März 2023

Vieles hängt von der Stärke der Demonstration an diesem Samstag ab. Etwa 20 000 Menschen haben gestern in Tel Aviv an einer Gegendemonstration (für die Reform) teilgenommen. Netanjahu sprach von 100 000 Demonstranten ...

Netanjahu wird Galant möglicherweise im Amt belassen, aber er wird ihn dafür bezahlen lassen. Er will, dass der Minister sein Abgeordnetenmandat niederlegt; Galant weigert sich. Er will, dass sich Galant nicht nur für die Art und Weise entschuldigt, wie er seine Besorgnis über die Sicherheit des Landes öffentlich gemacht hat, sondern auch dafür, dass er wegen der katastrophalen Folgen ein Ende der Reform gefordert hat. Unklar ist, wie Galant auf diese systematischen Demütigungen reagieren wird. Unterdessen hat der Likud-Abgeordnete Biton, der Vorsitzende des Wirtschaftsausschusses, seine Parteikollegen dazu aufgerufen, den Plan, Galant als Verteidigungsminister abzulösen, anzufechten, da Netanjahu seiner Meinung nach mit dem Versuch, ihn zu entlassen, einen Fehler begangen hat. Biton wird für diesen mutigen Schritt bestraft werden.

Eine ziemlich unglaubliche Sache kam heute ans Licht. Sara'le hat die Frau des Histadrut-Vorsitzenden kontaktiert und ihr mitgeteilt, Netanjahu habe ihren Mann ermutigt, einen Generalstreik zu initiieren, damit er, Netanjahu, Druck auf die Extremisten im Likud und in der Koalition ausüben könne und in die Lage versetzt werde, einen vorübergehenden Stopp der Reform anzukündigen und das Gespräch mit der Opposition zu suchen. Kurz gesagt, Netanjahu möchte die Gewerkschaften dazu benutzen, gegen sein eigenes Lager zu streiken, um eine Politik betreiben zu können, die sein eigenes Lager sonst nicht akzeptieren würde. Machiavelli wäre stolz auf unseren Premierminister.

Die soziale Spaltung, die hinter der politischen steht, rückt immer mehr in den Vordergrund der Nachrichten. Manche sprechen von einer Zweiteilung des Landes: in einen Staat, der stärker traditionell und religiös sein wird, und einen Staat, der im Wesentlichen liberal und säkular sein wird. Grosso modo ist der erste für die Misrachim, der zweite für die Aschkenasim ... Das ist natürlich nicht ganz ernst gemeint, aber es ist wahrscheinlich das erste Mal, dass eine so radikale Idee geäußert wird, und sei es nur scherzhaft.

1. April 2023

Ein junger Araber, der in Ostjerusalem friedlich zu Fuß unterwegs war, wurde von der israelischen Polizei erschossen. Er war Arzt und hatte gerade sein Medizinstudium abgeschlossen. Die Polizei behauptet, er habe nach einer Waffe gegriffen und in ihre Richtung gezielt; man habe sich in Lebensgefahr gewähnt und geschossen. Die Bodycams der Polizisten hätten höchstwahrscheinlich nicht den gesamten Vorfall aufgezeichnet, erklärte ein hochrangiger Beamter. Die Abteilung für interne Ermittlungen untersucht die Schießerei. Morgen werden die israelischen Araber in einen Generalstreik treten.

Die Brutalität der Polizei gegenüber arabischen Bürgern Israels ist gut dokumentiert und spiegelt eine weit verbreitete Haltung wider. Stellen Sie sich nun erst ihr Verhalten vor, wenn Ben-Gvir dank Netanjahu seine Privatarmee bekommt. Er ist ein erklärter Araberhasser und möchte möglichst viele von ihnen über die Landesgrenzen hinausschaffen (und wenn möglich auch die Palästinenser des Westjordanlands). Übrigens ist die Idee der Umsiedlung von Arabern, die innerhalb der künftigen Grenzen eines jüdischen Staates leben, so alt wie der Zionismus selbst.

Etwa 175 000 Demonstranten in Tel Aviv, Tausende weitere in anderen Städten und Gemeinden. Der Versuch, die Protestbewegung zu demobilisieren, ist möglicherweise gescheitert. Die wichtigste Frage ist: Ist der Schlichtungsversuch echt oder ein weiterer Schachzug von Netanjahu? Unterdessen hat Galant noch kein Schreiben erhalten, das seine Entlassung als Verteidigungsminister bestätigt, und er geht deshalb weiter seinen Amtsgeschäften nach, darunter auch ein Treffen mit Netanjahu zu Verteidigungsfragen.

2. April 2023

Simcha Rothman, der berüchtigte Vorsitzende des Justizausschusses der Knesset, der zusammen mit Levin die Justizreform weiterhin vorantreibt, erklärt gegenüber der *New York Sun*, dass die Demonstrationen der Beginn eines «Religionskriegs» seien, und stellt klar, dass die Reform zu gegebener Zeit wieder aufgenommen werde. Gleichzeitig kündigte Ministerin Miri Regev an, die Gesetzesreform werde nach dem Unabhängigkeitstag wieder aufgenommen. Selbst wenn Netanjahu beabsichtigt, bestimmte Aspekte der Reform abzuschwächen, ist es schwer vorstellbar, wie er sie einer Mehrheit des Likud schmackhaft machen will. Schließlich gibt es keine Privatarmeen mehr zu verteilen. Es ist möglich, dass Miri Regev, die als besonders dumm bekannt ist, zur Verteidigungsministerin ernannt wird (sie war eine der Kandidatinnen, die Galant ersetzen sollten). Was noch?

In der Tat ist Rothmans Bemerkung nicht so weit hergeholt, wie es den Anschein hat. Gershom Scholem hat seinen Zuhörern und Lesern oft die folgende Frage gestellt: «Kann es der jüdischen Geschichte gelingen, wieder in die konkrete Wirklichkeit einzutreten, ohne durch den messianischen Anspruch zerstört zu werden, der [bei diesem Wiedereintritt zwangsläufig] aus der Tiefe aufsteigt?» (Gershom Scholem, *Devarim be-go*, Tel Aviv, 1975, S. 190). Ich habe dieses außerordentlich wichtige Zitat aus dem nicht minder wichtigen Buch von Aviezer Ravitsky übernommen: *Messianism, Zionism and Jewish Religious Radicalism* (University of Chicago Press, 1995, S. 5). Es sind natürlich die religiösen Fanatiker unserer Tage, die den von Rothman erwähnten Glaubenskrieg anzetteln, und es ist eine Art irregeleiteter messianischer Drang, der sie – und ihn mit ihnen – antreibt.

Wie Sie sich vielleicht erinnern, habe ich mich manchmal gefragt, ob es im Zionismus etwas von diesem messianischen Drang gibt, und meine Schlussfolgerung war negativ, was die Jahrzehnte vom ersten Zionistenkongress in Basel bis zu Menachem Begins Wahlsieg 1977 betrifft. Was die Oberfläche angeht, hatte ich Recht damit, aber ich lag falsch, was die Unterströmungen betrifft. Nun, jetzt weiß ich es besser. Die faschistoide Dimension, die nach dem Jom-Kippur-Krieg in Gusch Emunim zum Vorschein kam – und die mein Freund Uri Tal so scharfsinnig erkannt hat –, hätte mir die Augen öffnen müssen, aber das passierte nicht, und zwar aus dem einfachen Grund, weil das israelische Leben trotz der politischen Krisen an der Oberfläche nicht wesentlich anders aussah.

Es kann gut sein, dass ich durch mein Aufwachsen in einer völlig assimilierten Familie und später durch meinen Weg durch den Katholizismus besonders blind für diese religiösen Unterströmungen war. Mein schwedischer Onkel Hans, ein Anthroposoph, erkannte bei seinem Besuch in den 1930er Jahren den allgegenwärtigen Nationalismus des Landes. Dieser Nationalismus drückte sich in einer vehement antiarabischen Politik aus, bei der man die Araber aus dem Arbeitsmarkt drängte und Methoden zur Begrenzung der arabischen Bevölkerung im zukünftigen jüdischen Staat in Erwägung zog. Der nationalistische Enthusiasmus mag für die Gründung des Staates und sein unmittelbares Überleben notwendig, vielleicht sogar unerlässlich gewesen sein, aber gefährlich wurde er, sobald er sich mit religiösem Messianismus vermischte. Was für die Gründung des Staates notwendig gewesen sein mag, könnte für sein Überleben tödlich sein. Wird ein Angriff von außen den jüdischen Staat retten, bevor innere Unruhen ihn zerstören?

Netanjahu erklärte, dass er sich jetzt in die juristische Debatte einmische, das sei seine Pflicht als Premierminister, wenn sich das Land, für das er verantwortlich sei, in einer nationalen Krise befinde, was prompt zu einer Rüge durch die Generalstaatsanwältin führte. Sein Eingreifen habe nichts mit seiner persönlichen Anklage zu tun, sagte er. Er vergaß zu erwähnen, dass er persönlich für die Entstehung der nationalen Krise verantwortlich ist. Niemand nimmt ihn mehr ernst.

Was ich im Anschluss an Scholem und Ravitsky über die Gefahr des Messianismus gesagt habe, stellt eine weitere dramatische Wendung in der Geschichte eines Volkes dar, das tausend Jahre alte Überzeugungen hätte aufgeben müssen, um in die moderne Geschichte eintreten zu können. Die einzige Möglichkeit, dieses Dilemma zu vermeiden, wäre vielleicht eine Verfassung gewesen, die eine strikte Trennung von Synagoge und Staat vorsieht. Aber hätte das die Unterströmungen in der Unterwelt gehalten? Nicht, wenn es nach Scholem geht, und nicht nach dem, was wir erleben. Außerdem sollten wir nicht vergessen, dass der religiöse Nationalismus in der einen oder anderen Form mit der Spaltung der israelischen Gesellschaft übereinstimmt. Heutzutage sind die Aschkenasim im Allgemeinen die Liberaleren und Säkulareren, aber leider waren die religiös-nationalistischen Führer, die aus ihrer Mitte hervorgingen, von Anfang an die extremsten und die Anstifter dieser tödlichen Synthese (die Rabbiner Kook, Vater und Sohn).

In den Nachrichten heißt es, die führenden Wirtschaftsleute Israels hätten sich mit Herzog getroffen und ihn wissen lassen, was sie in ihrem Bereich und darüber hinaus von den zentralen Figuren der aktuellen Koalition hielten. Die Beleidigungen, die ich hier und da anbringen mag, sind nichts im Vergleich zu dem, was sie zu sagen hatten. Das Harmloseste war noch, dass «Levin bereit ist, das Land niederzubrennen», und dass Barkat «ein Lump» sei. In einem Punkt sind sie sich einig: «In einem Monat haben sie es geschafft, das Land zu zerstören.» Und was Netanjahu betrifft: «Er ist am Ende.»

3. April 2023

Netanjahu wird Galant «vorerst» nicht entlassen, was bedeutet, dass er ihn überhaupt nicht entlassen wird. Offiziell wegen der Sicherheitslage, in Wirklichkeit, um zu verbergen, dass er unter Druck seine Meinung geändert hat. Netanjahu und Galant besuchten gemeinsam den Luftwaffenstützpunkt Tel Nof, wo Netanjahu den

Chef der Luftwaffe für seine harte Haltung gegenüber den Reservepiloten lobte, die sich geweigert hatten, sich für Einberufungen zu melden.

Der Vorsitzende der Bank of Israel gab bekannt, dass die Bank als direkte Folge der geplanten Justizreform finanzielle Verluste zwischen 14 und 48 Milliarden Schekel pro Jahr erwartet. Ein Mitglied der Bank warnte: «Alarmstufe Rot für den Schekel.»

Es ist Zeit für ein komisches Zwischenspiel. Ben-Gvir erschien vor dem Obersten Gerichtshof, um sich gegen eine Klage zu verteidigen, dass er, ein notorischer Rassist, zum Minister für nationale Sicherheit ernannt worden sei. Ben-Gvir gab zu, er sei als 14-Jähriger ein Rassist gewesen und habe in der Vergangenheit Fehler gemacht. Er behauptete, dass er seine Ansichten zwar nicht geändert habe, aber seit seinem Eintritt in die Regierung sensibler geworden sei. Der Richter fragte ihn daraufhin, ob er den Höhepunkt an Sensibilität erreicht habe oder ob er noch ein Stück des Weges vor sich habe.

Ich muss zugeben, dass ich in einer Situation, die trotz der Schlichtungsgespräche nichts Gutes verheißt, immer weniger nach den komischen Seiten suche. Die Koalition wird nicht nachgeben, und in ein paar Wochen oder schon früher wird sie die Reform durch die Knesset bringen, und dann wird die Hölle losbrechen, die Gott weiß wohin führt. Ich fürchte das explosive Potenzial sozialer Ressentiments unter den Misrachim. In Israel ist diese spezielle Wunde aufgrund der Bedingungen, unter denen die Auswanderung aus Nordafrika stattfand, vereitert. Das wurde mir 1966 besonders deutlich bewusst, als ich eingeladen war, an der französischen Universität von Montréal zu unterrichten, und eine Wohnung von einer jüdisch-marokkanischen Familie mietete.

Diese Familie, mit der ich mich rasch anfreundete, war ziemlich wohlhabend und lebte in Westmount, einem schicken Viertel in Montréal. Mir wurde klar, dass reiche marokkanische Juden, wie alle anderen nordafrikanischen Juden aus der Mittel- und Oberschicht, in den 1950er Jahren entweder nach Nordamerika oder nach Frankreich auswanderten, während die Armen, die Analphabeten und die Kranken nach Israel verschifft wurden, um die jüdische Bevölkerung im Gelobten Land zu vergrößern. In Israel waren sie, oft jahrelang, in schäbigen Durchgangslagern in der Nähe der Städte oder in Entwicklungsstädten am Rande des Landes untergebracht. Kein Wunder, dass sie in dem Land, das angeblich das ihre war, ganz unten blieben, während sie sich in Nordamerika und in Frankreich bald unter das Bürgertum mischten und oft intellektuelle, ja sogar politische Spitzenpositionen erreichten.

In der Nähe des Tiberias-Sees wurde eine iranische Drohne abgeschossen, eine weitere über dem Gazastreifen. Israel hat diese Woche zum vierten Mal in Folge iranische oder Hisbollah-Ziele in Syrien bombardiert. Einige iranische Berater wurden getötet. Sehr ungewöhnlich. Versucht Netanjahu, eine großangelegte iranische Reaktion zu provozieren, die einen *casus belli* darstellen würde? Im Rahmen einer eher «normalen» Aktion drangen israelische Streitkräfte in Nablus ein und töteten zwei bewaffnete Palästinenser, die offenbar für den Doppelmord in Hawara verantwortlich waren, der den Tumult auslöste. Ein Teufelskreis.

4. April 2023

Ein Psychiater, der in Israel mit ultraorthodoxen Patienten zu tun hat, sagte mir, dass diese wie immer hauptsächlich an konkreten (d. h. finanziellen) Vorteilen für sich und ihre Gemeinschaft interessiert seien und sich nicht um die anderen religiösen Gesetze kümmerten, die ihre Führer in der Knesset durchsetzen.

Morgen ist der Vorabend des Pessachfests. Im Dorf meines Onkels, in dem ich während meiner ersten Jahre in Israel (von 1948 bis 1951) lebte, hielten sich die deutschen und tschechischen Bewohner nicht an das traditionelle Ritual des Haggada-Lesens, und wenn sie es taten, dann nur zum Vergnügen der Kinder. Kurzum, ich erinnere mich nicht an irgendeine besondere Bindung an die Religion. In einigen Kibbuzim, vor allem in denen, die mit der marxistisch-zionistischen Jugendbewegung Hashomer Hatzair verbunden waren, wurde die Haggada im Sinne des national-politischen Zeitgeists umgeschrieben. Das war natürlich nicht das allgemeine Bild, aber das Israel jener Jahre war überwiegend säkular oder um der Tradition willen höchstens mäßig observant. All das änderte sich, wie wir gesehen haben, zuerst 1967 und noch gründlicher im Jahr 1977. Doch erst jetzt haben die Mitglieder der radikalen religiös-nationalistischen Parteien in der Koalition durch ihren unermüdlichen Aktivismus eine gefährliche Situation geschaffen.

Für die Opposition ist die Gefahr religiösen Zwangs, einer Verwandlung Israels in eine Theokratie, vielleicht ebenso unerträglich wie die Möglichkeit einer Diktatur.

Es ist schwer vorstellbar, wie eine Generation, die größtenteils in völliger Religionsfreiheit aufgewachsen ist, sich religiösen Gesetzen und Verordnungen unterwerfen soll.

In Polen (über Ungarn weiß ich nichts) ist die Bevölkerung seit jeher streng katholisch, so dass dieser Aspekt des Regimewechsels vielleicht kein großes Hindernis darstellte. Tatsächlich hat die polnische Regierungspartei in diesem Wahljahr die Verteidigung von Papst Johannes Paul II. gegen den Vorwurf, er habe während seiner Zeit als Erzbischof von Krakau Fälle von Pädophilie unter polnischen Priestern gedeckt, zu einem wichtigen Propagandathema gemacht. Die traditionelle katholische Frömmigkeit ist ein Kernstück polnischer Identität.

Die Spannungen zwischen Ben-Gvir und Schabtai darüber, wer die Befehlsgewalt über die Nationalgarde haben wird, bleiben bestehen.

5. April 2023

Wie zu erwarten sind die Spannungen in Jerusalem in Handgreiflichkeiten ausgeartet. Hunderte palästinensischer Jugendlicher kamen gestern am späten Abend in die Al-Aksa-Moschee und begannen, das Heiligtum zu «befestigen». Nach ergebnislosen Verhandlungen drang die Polizei in die Moschee ein und nahm etwa 350 Personen fest. Die meisten von ihnen wurden in den folgenden Stunden freigelassen. Am Morgen war wieder Ruhe eingekehrt, und die Gebete konnten wieder aufgenommen werden. In der Zwischenzeit wurden als Reaktion Raketen aus dem Gazastreifen auf die umliegenden Siedlungen abgefeuert. Die

Luftwaffe griff zweimal an. Jetzt ist es in Gaza und Jerusalem relativ ruhig. Alles in allem also noch nichts Dramatisches.

Die Auseinandersetzung zwischen Ben-Gvir und Schabtai hat sich verschärft. Gestern ließ der Minister eine höchst problematische Bemerkung des Polizeikommandanten durchsickern, wonach es «zur arabischen Mentalität gehört, sich gegenseitig zu massakrieren». Wenn diese Bemerkung die Runde macht – nach Angaben der Polizei ist das Zitat völlig aus dem Zusammenhang gerissen –, kann sie großen Schaden anrichten. Dass die Äußerung an die Öffentlichkeit gelangte, ist wahrscheinlich eine Reaktion auf Schabtais vorherige Rede, in der er erklärte, dass die Nationalgarde unter Kontrolle der Polizei bleiben werde. Es scheint, dass man in Ben-Gvirs Umfeld die Gespräche zwischen den beiden mitgeschnitten hat, und weitere Leaks zu erwarten sind.

Ich wurde gebeten, etwas über die Privatarmee von Ben-Gvir zu schreiben. Das werde ich nicht tun, aber nicht, weil die Miliz nicht gefährlich ist; im Gegenteil, sie ist extrem gefährlich. Aber es ist schwer zu glauben, dass Ben-Gvir in der Lage sein wird, sie aufzustellen. Der Mann ist ein Clown, der gut darin ist, in alle Richtungen zu drohen. Es ist ihm gelungen, Netanjahu damit zu drohen, die Koalition zu sprengen, aber ein solcher Schritt ist kaum glaubhaft. Wo sollte der Mann noch einmal eine solche Gelegenheit finden, um erneut zu drohen? Es ist ihm gelungen, die Polizei so sehr gegen sich aufzubringen, dass sie zu seinem Feind wird. Wo soll er die Freiwilligen für seine Truppe finden, wenn nicht unter den Polizeibeamten?

Die Auseinandersetzungen in der Al-Aksa-Moschee sind wieder aufgeflammt. Die Polizei setzte erneut Gewalt ein, um die Moschee zu räumen. Während des Sederabends wurden zwei Raketen aus Gaza abgefeuert. In Umm al-Fahm, einer arabischen Stadt in Israel, solidarisieren sich Hunderte von arabischen Einwohnern mit den Betenden in der Al-Aksa-Moschee. Glücklicherweise wurde bisher auf beiden Seiten niemand getötet.

6. April 2023

In der Nacht wurden etwa 34 Raketen aus dem Südlibanon auf Israel abgefeuert, der schwerste Angriff seit dem Zweiten Libanonkrieg 2006. Iron Dome fing die meisten davon ab. Zwei Einheimische erlitten leichte Verletzungen. Geht das von der Hisbollah oder von der Hamas aus? Netanjahu hat für heute Abend eine Kabinettssitzung einberufen. Die israelische Reaktion wird wahrscheinlich davon abhängen, welche Organisation hinter dem Angriff steckt.

Ersten Berichten zufolge sind palästinensische Organisationen (Hamas und Islamischer Dschihad) im Libanon für den Abschuss der Raketen verantwortlich, wahrscheinlich mit iranischer Hilfe und Vorbereitung. Außerdem wurden einige Mörsergranaten auf Metulla abgefeuert. Die Wahrscheinlichkeit einer starken israelischen Reaktion sowohl im Norden als auch im Süden ist hoch. Netanjahu erklärte am Ende der Kabinettssitzung: «Die interne Diskussion wird kein Hindernis für unsere Antwort sein. Unsere Feinde werden einen Preis zahlen.»

Der zweite Libanonkrieg war heftig. Ausgelöst wurde er von der Hisbollah, die bei einem Überfall an der libanesischen Grenze sieben israelische Soldaten gefangen nahm. Beim darauffolgenden, etwa einen Monat dauernden Gegenschlag verlor Israel 140 Soldaten und die Hisbollah etwa 500 Kämpfer. Die israelischen Städte im Norden wurden von einer Reihe von Raketenangriffen heimgesucht, und die Hisbollah-Kämpfer – Iraner oder vom Iran ausgebildet – erwiesen sich als sehr zähe Gegner. Dieses Mal hat die Hisbollah jede Beteiligung bestritten.

Ich mag es nicht, Militärberichterstatter zu sein, obwohl ich zum Kämpfen gekommen war, aber freigestellt wurde, als mein wahres Alter aufflog. In den drei Jahren, die ich später in der Armee verbrachte, kamen Kampfeinheiten für mich nicht in Frage wegen eines Herzgeräuschs, das Jahre zuvor entdeckt worden war, aber erst 40 Jahre später operiert werden sollte (Bikuspidalklappe). Das zeigt, dass man mit Herzgeräuschen leben kann ... Ich habe in der Aufklärungseinheit gedient, aus der später die berühmte 8200 wurde. Ich bin stolz darauf, auch wenn mir alle Talente fehlen, die heute auf einen potenziellen Kandidaten hindeuten würden. Nun, damals war immerhin mein Französisch perfekt.

Luftwaffenangriff auf Gaza während der Kabinettssitzung. Auf palästinensischer Seite fand zur gleichen Zeit in Beirut ein Treffen der Spitzenvertreter der Hamas und des Islamischen Dschihad statt, um ihre Reaktion auf die zionistischen Untaten in der Al-Aksa-Moschee zu planen. Leider versuchten, wie jedes Jahr zu Pessach, mehrere israelische Fanatiker, den Tempelberg zu betreten, um ein Opfer darzubringen. Sie wurden von der Polizei aufgehalten, aber das könnte die Reaktion palästinensischer Jugendlicher ausgelöst haben, die daraufhin die Moschee zu befestigen begannen. Dies würde die Kette der Ereignisse erklären. Absolut dumm, nur dass die Eiferer in diesem Jahr Ben-Gvir an ihrer Seite haben.

Nach der Operation im Gazastreifen Angriff auf die palästinensischen Stützpunkte im Südlibanon. Man geht davon aus, dass diese Operationen die israelische Vorherrschaft wiederherstellen und nicht zu einem Krieg führen werden.

7. April 2023

Bislang gemäßigte israelische Reaktion. Heftige Kritik von Smotrich und Ben-Gvir an dieser Zurückhaltung, aber nicht mehr. Netanjahu deutet an, dass dies nur ein erster Schritt ist.

Zwei Schwestern wurden bei einem Terroranschlag getötet, ihre Mutter schwer verletzt. Die Familie, Siedler aus dem Westjordanland, die gerade aus England gekommen waren, war auf dem Weg in den Urlaub. Der Vater fuhr mit zwei anderen Kindern voraus; er hat von dem Mord in den Nachrichten erfahren. Die beiden Terroristen kamen offenbar aus Nablus oder Dschenin.

Weitere Einzelheiten über die Brutalität des Polizeieinsatzes in der Al-Aksa-Moschee. Die Videos haben sich in der ganzen muslimischen Welt verbreitet, während Israel schweigt. Kein Wunder, dass das die palästinensischen Gebiete in Aufruhr versetzt.

Keine Ahnung, wie man aus dieser schrecklichen

Situation herauskommt. Die einzige Lösung ist meines Erachtens der Rückzug aus dem Westjordanland. Natürlich mit internationaler Präsenz in den Gebieten, Entmilitarisierung usw. Zwei Staaten, mit wirtschaftlichen Verbindungen, vielleicht eine Föderation.

Es besteht kein Zweifel daran, dass die Fanatiker, die die Herrschaft über die Gebiete als einen Schritt auf dem göttlich vorgeschriebenen Weg zur messianischen Erlösung betrachten, sich mit Händen und Füßen gegen einen Abzug wehren werden. Die Frage ist: Wie viele Menschen würden sie dabei unterstützen? Heute unterstützt die Mehrheit der Israelis offenbar die Opposition, aber wird das auch so bleiben, wenn das Vorhaben der Justizreform wieder mit Eile vorangetrieben wird? Und was ist nach einigen kosmetischen Verbesserungen? Außerdem mag die Mehrheit zwar eine Änderung der Justizreform unterstützen und für die Unabhängigkeit des Obersten Gerichtshofs kämpfen, aber eine Mehrheit für den Abzug aus den besetzten Gebieten ist nicht garantiert. Ganz im Gegenteil.

Am Freitagabend wurde in Tel Aviv ein Terroranschlag mit einem Auto verübt, bei dem vier Menschen verletzt wurden. Die Häufung von grenzüberschreitenden Anschlägen und Terrorangriffen macht die Situation besonders schlimm.

Beim Anschlag mit dem Auto in Tel Aviv wurden eine Person getötet und sechs verletzt. Das tödlich verletzte Opfer war ein italienischer Tourist, die Verletzten waren britische Touristen. Der Attentäter ist ein Araber aus Kafr Kassem in Israel; er wurde erschossen. Seine Familie kann es nicht glauben. Die israelisch-arabischen Parteien verurteilen die Tat.

8. April 2023

Ungeachtet der Meinungsverschiedenheiten zwischen den beiden Ländern bekräftigen die USA inmitten der aktuellen Spannungen ihre Unterstützung für Israel. Mit Blick auf den Iran haben die USA ein Atom-U-Boot ins Rote Meer entsandt.

Drei Raketen aus Syrien Richtung Golan. Keine Schäden gemeldet. In Tel Aviv demonstrieren 140 000 Menschen, trotz der Feiertage. Beeindruckend.

Große Anspannung in Jerusalem. Morgen Segnung der Kohanim (der Priester) und traditioneller Zug der Juden zum Tempelberg. Hoffentlich ohne Zusammenstöße, aber die Polizeikräfte werden auf ein Maximum verstärkt. Verstärkung auch in Tel Aviv. Alles in allem: maximale Bereitschaft für mögliche weitere Terroranschläge.

9. April 2023

In Jerusalem sind die letzte Nacht und der heutige Morgen ruhig verlaufen, obwohl etwa 1000 Juden zum Beten auf den Tempelberg gelassen wurden.

Netanjahu hat Lapid, den Oppositionschef, offiziell über die Sicherheitslage unterrichtet. Beim Weggehen teilte Lapid mit, dass er besorgt gekommen sei und nun noch besorgter wieder gehe. Die Regierung funktioniere nicht, usw. In diesem Fall ist es tatsächlich so. In einer solch ernsten Situation hängt der Verteidigungsminister in der Schwebe, und ein Clown ist für die innere Sicherheit zuständig – ein Bereich, der nach Lapids Meinung ausschließlich der Polizei überlassen bleiben sollte. Da hat er natürlich Recht.

Bislang habe ich noch gar nicht von einer relativ neuen Gruppe in unserem gelobten Land gesprochen: «La Familia». Was als gewalttätige Fangruppierung des Fußballklubs Beitar Jerusalem begann, entwickelt sich zu einer gefährlichen Horde von Hooligans, die bereit sind, auf Journalisten und vor allem auf Demonstranten loszugehen, die sich gegen die Justizreform wenden. Sie könnten zu Ben-Gvirs Miliz werden. Die Polizei sollte eigentlich eingreifen und einige Verhaftungen vornehmen. Das hat sie bisher nicht getan.

Nach einer aktuellen Umfrage würde Netanjahus Koalition, wenn heute Wahlen stattfinden würden, von 64 auf 46 Mandate schrumpfen, während die Koalition Bennett-Lapid (die ihr vorausging) 64 Mandate erhalten würde, auch ohne die Beteiligung der arabischen Parteien. Der Likud würde von 32 auf 20 Mandate schrumpfen, die Partei «Widerstandskraft für Israel» von Gantz würde sich von heute 12 auf 29 Sitze mehr als verdoppeln, und Lapids «Es gibt eine Zukunft» würde von 24 auf 21 leicht schwächer werden. Das sind bemerkenswerte Ergebnisse, die zeigen, dass die Wähler sehr wohl wissen, mit wem sie es zu tun haben. Aber wie kann man Wahlen herbeiführen? Wie kann man diese Regierung zu Fall bringen?

Die Ergebnisse der Umfrage zeigen auch, dass die sozialen Ressentiments, denen ich viel Bedeutung beigemessen habe, weniger entscheidend sind als gedacht. Schas würde 9 Mandate erhalten, «Religiöser Zionismus» und «Jüdische Stärke» zusammen insgesamt 11, was bedeutet, dass die messianischen Verrückten relativ marginal sind. Und mit 6 Mandaten behält das Vereinigte Tora-Judentum seine geringe Zahl und ist aus seiner Sicht gut beraten, alle finanziellen Vorteile zu nutzen, die es im gegenwärtigen Kontext anhäufen kann.

Die Situation auf dem Tempelberg ist das unmittelbare Problem. In den letzten zehn Tagen des Ramadan, der in nur vier Tagen beginnt, schlafen viele Muslime in der Al-Aksa. Und in den vergangenen Jahren wurde der Tempelberg während dieser Zeit für Juden geschlossen, auch von früheren Netanjahu-Regierungen. Nun gehen die Meinungen auseinander, und Netanjahu wird sich entscheiden müssen.

10. April 2023

Die Mutter der beiden vor drei Tagen getöteten Schwestern ist heute ihren Verletzungen erlegen. In der Nähe von Jericho wurde ein palästinensischer Jugendlicher getötet.

Tausende von Siedlern nahmen zusammen mit den Ministern Smotrich und Ben-Gvir und anderen Mitgliedern ihrer jeweiligen Parteien an einem Marsch zur geräumten Siedlung Eviatar teil. Ben-Gvir erklärte: «Wir werden geradewegs nach Hause auf den Tempelberg und nach Jerusalem gehen.» Der Marsch wurde von der Armee schwer bewacht; Soldaten wurden dabei beobachtet, wie sie mit Gewalt gegen Journalisten vorgingen. Diese Siedler sind richtige Fanatiker und werden nicht nachgeben.

Unterdessen trafen sich beide Seiten in Herzogs Residenz und einigten sich auf verschiedene technische Fragen im Hinblick auf die inhaltlichen Gespräche, die unmittelbar nach dem Pessachfest beginnen sollen. Die Atmosphäre ist offenbar positiv.

Netanjahu hat eine Pressekonferenz abgehalten. Drei Hauptpunkte: Galant bleibt Verteidigungsminister; die Vorgängerregierung ist für die Verschlechterung der Sicherheitslage verantwortlich; und Ben-Gvirs Nationalgarde wird nicht ihm unterstellt sein, sondern dem Kommando einer der bestehenden Sicherheitskräfte. Auf die gestrige Umfrage angesprochen, tat Netanjahu sie als belanglos ab. In Bezug auf die Sicherheitslage versprach er, dass seine Regierung alle Schäden beheben werde, die ihre Vorgängerin verursacht habe. In Wirklichkeit waren das alles nur allgemeine Aussagen, außer zu Galant. Netanjahu weiß genau, dass die Entlassung von Galant seine Koalition zerreißen würde.

Die Oppositionsführer spotteten über Netanjahus Verlautbarungen. Gantz: «Jammerei»; Lapid: «Kontrollverlust»; Bennett: «Keine Führung». In Tel Aviv demonstrierten Tausende gegen den Premierminister, weil sie begriffen haben, dass er den Reformkurs fortsetzen will, die Vorgängerregierung für die Sicherheitsprobleme verantwortlich macht, die Reservisten, die ihre Einberufung verweigerten, heftig kritisiert und im Grunde die gesamte Verantwortung für die aktuellen Probleme des Landes auf die Opposition abwälzt.

In seiner Erwiderung wies Bennett nach, dass Netanjahu bei seiner Beschreibung der Sicherheitslage unter der Vorgängerregierung dreist gelogen hat. Netanjahu ist, wie ich bereits mehrfach erwähnt habe, ein unverbesserlicher Lügner, aber seine Unehrlichkeit verfängt immer weniger. Er sollte aufgeben, wird es aber nicht tun, solange die Anklagen gegen ihn noch laufen.

Die Siedler, mit Smotrich und Ben-Gvir an ihrer Spitze, sind eine echte Gefahr. Israel hat diesen Weg schon vor langer Zeit eingeschlagen, aber selbst wenn ein Premier wie Begin wirklich an die Ideologie von Eretz Israel glaubte, blieb er doch eine seltsame Art von Liberalem. 1983 bekam ich den Israel-Preis für Geschichte, obwohl meine Ansichten zugunsten der Zweistaatenlösung bekannt waren. Am Morgen der Preisverleihung schloss ich mich einer Gruppe von Demonstranten an, die gegen eine neue Siedlung in Har Habracha im Westjordanland protestierten, was den Minister für religiöse Bildung, Sebulon Hammer, nicht davon abhielt, mir einige Stunden später in Anwesenheit von Staatspräsident Jitzchak Nawon den Preis zu überreichen. Das war ein anderes Recht, das war eine andere Zeit und, sagen wir es ganz offen, das war ein anderes Israel oder, genauer gesagt, ein anderes Israel an der Macht.

11. April 2023

Letzte Woche hat der ehemalige Generalstabschef und Verteidigungsminister Bogie Jaalon es klipp und klar ausgesprochen: Dow Lior, der Rabbiner von Smotrich und Ben-Gvir, war vor Jahren auch der Rabbiner jener jüdischen Untergrundmitglieder, die neben anderen ruhmreichen Taten die Ermordung arabischer Bürgermeister und die Sprengung der Al-Aksa-Moschee planten, bevor sie im letzten Moment vom Schin Bet verhaftet wurden.

Ihr Plan war es, als Gipfelpunkt der messianischen Erzählung einen «Endkampf» herbeizuführen, den Krieg, der die Ankunft des Messias bringen würde. Feine Leute. Aber jetzt sind unsere beiden Witzbolde wichtige Minister in Israels Regierung und – wer weiß? – Dow Lior könnte immer noch ihr Rabbiner sein.

Übrigens hat Dow Lior, dem wir zahlreiche rassistische Äußerungen verdanken und der fortwährend zur Gewalt gegen Araber aufstachelt, eines seiner Bücher Baruch Goldstein gewidmet, der Mitte der 1990er Jahre 29 Araber beim Gebet in der Höhle der Patriarchen ermordete. Ben-Gvir hatte jahrelang ein Porträt von Goldstein in seinem Wohnzimmer hängen, bis zur letzten Wahlsaison. Wie ich schon sagte, feine Leute.

Netanjahu hat beschlossen, Juden während der letzten zehn Tage des Ramadan den Zugang zum Tempelberg zu verwehren, wie es in den letzten Jahren üblich war. Ben-Gvir lehnte das vehement ab und nannte es «ein Einknicken gegenüber dem Terror», «einen Sicherheitsskandal», der die Gläubigen an der Klagemauer im Stich lasse. Ausnahmsweise hatte der verrückte Eiferer nicht das letzte Wort. Netanjahu, bitte mach weiter so und schmeiß ihn möglichst raus. Und Smotrich gleich mit.

13. April 2023

Gestern gab es nicht viel zu notieren, und auch heute, am letzten Tag des Pessachfests, gibt es nichts. Wie schön!

Aber hier in Kalifornien hat der Tag gerade erst begonnen, und in Israel ist er noch lange nicht zu Ende … Ich stelle mir vor, dass ich dieses Tagebuch beende, weil im Heiligen Land alles ruhig ist: keine Polizeigewalt, keine Militäreinsätze in Palästinenserhochburgen, keine Terroranschläge und vor allem keine Neuwahlen am Horizont. Kurz gesagt, ein Hirngespinst.

Aber vergessen wir nicht: Alles soll «nach den Feiertagen», also ab Sonntag, wieder weitergehen. In der Zwischenzeit ist die Polizei in Jerusalem in höchster Alarmbereitschaft, da morgen der letzte Freitag des Ramadan ist, ein potenziell sehr explosiver Tag.

14. April 2023

Es scheint, dass dieser letzte Freitag des Ramadan friedlich verlaufen wird, ungeachtet der 130 000 palästinensischen Gläubigen auf dem Tempelberg. Nur 17 Personen wurden verhaftet, weil sie die Hamas-Flagge gehisst hatten; sie werden bald wieder freigelassen. Das ist ein großer Erfolg für beide Seiten.

Wenn das Wochenende friedlich bleibt, werden die Israelis an die Strände und zu anderen schönen Flecken in der Natur strömen. Vergessen wir nicht, dass das Land in seinen bewohnten Gebieten sehr dicht besiedelt ist, was übrigens eine weitere Erklärung für das Vordringen in die besetzten Gebiete ist. Sie bieten nicht nur relativ günstige Wohnungen und schöne Landschaften, sondern auch Platz. Dass dieser Platz anderen gehört, ist dabei egal.

Vor ein paar Tagen ereignete sich ein sehr merkwürdiger Vorfall. In einer Jerusalemer Jeschiwa für Mädchen (Horev genannt), die zum Religiösen Zionismus (Smotrichs Partei) gehört, organisierte eine Gruppe von Oberstufenschülerinnen eine Purim-Party, die sie filmten. Der Film wurde bald im ganzen Land verbreitet und löste einen Sturm der Entrüstung aus. Sein Titel: «Wenn die Jeschiwa sephardisch wäre», oder so ähnlich. In einer Reihe von acht Szenen stellten die Mädchen ihr gewohntes, respektvolles aschkenasisches Leben einem imaginären sephardischen Verhalten gegenüber. Die Mädchen schwärzten ihre Gesichter, stellten sich mit typisch sephardischen Namen vor, hängten Porträts von sephardischen Rabbinern an die Wände und spielten sephardische Rollen so widerwärtig, wie diese in ihrer Vorstellung waren. Dass 18-jährige Mädchen töricht sein können, ist nichts Neues, aber dass religiöse israelische Mädchen rassistische Rollen spielen können, ist schon etwas überraschender, noch dazu in einer streng religiösen Schule. Woher haben sie ihre Vorstellungen? Von ihren Familien? Von ihren Lehrern?

Ist das die offizielle Jeschiwa-Ideologie? Alle waren in Aufruhr, und das zu Recht, aber es zeigt, dass es auch heute noch in einer streng nationalistisch-religiösen Schule einen explizit antisephardischen Rassismus gibt. Was anscheinend niemand erwähnt hat: Gibt es an dieser religiös-zionistischen Schule denn keine sephardischen Schüler? Und vergessen wir nicht, dass dieselbe Partei von Smotrich und Ben-Gvir in schöner Regelmäßigkeit offenen, quasi-offiziellen Rassismus gegen Araber an den Tag legt. Aber wen interessiert das schon, für sie sind Araber einfach nur Araber.

Feurige Anti-Israel-Reden im Iran und vom Hisbollah-Chef irgendwo in Beirut, am traditionellen Tag der Solidarität mit den Palästinensern. In einer ersten Rede wandte sich der schiitische iranische Präsident Ebrahim Raisi direkt an ein Treffen der sunnitischen Hamas und des Islamischen Dschihad in Gaza und versprach ihnen Unterstützung in ihrem Kampf für die Befreiung Palästinas (der Iran gibt offenbar rund 100 Millionen Dollar pro Jahr für die Finanzierung der Waffenkäufe der Hamas aus). Gleichzeitig starteten die Iraner Cyberangriffe auf israelische Postämter, Banken sowie Wasser- und Stromversorgungsunternehmen. Diese Angriffe wurden in gewohnter Manier abgewehrt.

Hisbollah-Chef Nasrallah, der Handlanger des Iran, machte sich über die jüngsten israelischen Raketenangriffe lustig. Sie hätten eine Bananenplantage getroffen und auch ein paar Schafe getötet ... Israel nimmt die koordinierten Drohungen von allen Seiten jedoch nicht auf die leichte Schulter: Es bleibt für die kommenden Tage, zumindest bis zum Ende des Ramadan, in höchster Alarmbereitschaft. Wie bereits erwähnt, bleiben die Palästinenser selbst friedlich.

Obwohl Netanjahu und Herzog sie davon abzubringen versuchten, stufte die große internationale Ratingagentur Moody's den Ausblick für Israels Kreditwürdigkeit von «positiv» auf «stabil» herab, da die Justizreform Risiken für die Wirtschaft des Landes berge.

Wenigstens ein Unruhestifter wurde zum Teufel gejagt: Yair Netanjahu, der Sohn des Premierministers, der täglich Dutzende von aufrührerischen Tweets verschickte, in denen er die CIA, das Außenministerium und alle anderen beschuldigte, mit der Opposition im Bunde zu stehen, um seinem Vater zu schaden, wurde offenbar von seinem

Vater persönlich aufgefordert, die Klappe zu halten. Er entschied sich, das Land für eine gewisse Zeit zu verlassen.

15. April 2023

Die Demonstrationen gegen die Justizreform lassen nicht nach: 140 000 protestieren in Tel Aviv, Tausende im ganzen Land. In Netanya demonstrieren sowohl Reformbefürworter als auch -gegner. Die Stadt ist weitgehend in den Händen der Schas und anderer Koalitionsparteien.

In den Abendnachrichten häufen sich die Berichte über die nunmehr berühmt-berüchtigte Jeschiwa für religiöse Mädchen in Jerusalem: «rassistisch und elitär». Eigentlich wissen wir alle, dass sich die litauischen ultraorthodoxen Jeschiwot und ihre Gemeinden in der Regel gegen die Aufnahme von sephardischen Juden gewehrt haben – ein Grund mehr für die Gründung von Schas. Die Wahrheit ist, dass wir uns in unserem Alltagsleben in Jerusalem an streng aschkenasische Bekannte gehalten haben, an eine homogene aschkenasische Gemeinschaft, ohne jemals groß darüber nachzudenken oder darüber zu diskutieren. Das war ganz normal. Aber ich denke, dass es auch auf der anderen Seite, der sephardischen Seite, normal war, sich nicht mit Aschkenasim zu treffen. Möglicherweise war es so, aber wahrscheinlich wurde es übel genommen. In der Schule gab es ein «Profiling». Wenn man sephardisch war, wurde man in der Regel nicht automatisch auf eine weiterführende Schule verwiesen, sondern eher auf eine Berufsschule.

Kleine Kuriosität am Rande: Eines meiner Kinder

hatte einen sephardischen Freund in der Schule, der es irgendwie auf das Jerusalemer Gymnasium geschafft hatte. Dieser Freund musste in Geschichte einen Aufsatz zum Thema «Der Aufstand im Warschauer Ghetto» schreiben. Ich schrieb den Aufsatz für ihn und gab mein Bestes. Dem Lehrer gefiel das Ergebnis nicht. Der Junge, wahrscheinlich damals in der 11. oder 12. Klasse, bekam eine schlechte Note. Hatte ich also einen schlechten Aufsatz geschrieben oder war das ein spätes «Profiling»?

Heutzutage findet der Unmut unverhohlenen politischen Ausdruck und wird von Netanjahu geschickt für eigene Zwecke genutzt. Natürlich hat er es nicht versäumt, am traditionellen Mimouna-Fest (einer traditionellen nordafrikanisch-jüdischen Feier) nach Pessach teilzunehmen.

Die Mimouna-Feier ist keine große Sache, aber ein weiteres Zugeständnis an die orthodoxen Parteien schon: Der Militärdienst für Jeschiwot-Schüler wird entweder ganz abgeschafft oder stark verkürzt, wie auch immer sich das finanziell für die Armee auszahlt. Die Zahal, die bisher die Armee des Volkes sein wollte, wird eine Armee sein, die nur einen Teil der Bevölkerung repräsentiert.

17. April 2023

Morgen ist in Israel Schoa-Gedenktag. Ein wichtiger Tag des Gedenkens für einen immer kleiner werdenden Teil der Bevölkerung. Die aufwändigen Zeremonien sind zumeist politisiert und stark übertrieben, aber sie haben noch immer eine gewisse Bedeutung für diese Bevölkerungsgruppe, und es ist gut, dass sie stattfinden. Der

Moment am Vormittag, wenn beim Ertönen der Sirenen alle Autos anhalten, die Fahrer aussteigen und zusammen mit allen Fußgängern still dastehen, ist nach wie vor sehr bewegend. Andererseits haben die von den Schulen organisierten Fahrten zu den Lagern in Polen etwas Aufdringliches und Grobes an sich.

In den Kriegsjahren maß der Jischuw dem, was in Europa geschah, keine große Bedeutung bei, außer dass, wie Ben-Gurion es ausdrückte, niemand übrig bleiben würde, um den jüdischen Staat aufzubauen. Das war kein Ruhmesblatt in der Geschichte Ben-Gurions als Führungspersönlichkeit und auch nicht in der Geschichte der hauptsächlich sozialistischen politischen Eliten von Eretz Israel. Diese Gleichgültigkeit war ziemlich weit verbreitet.

Nach dem Ende des Krieges machten dieselben Führer, trotz der Bemühungen des Jischuw, Überlebende ins Land Israel zu bringen, einen klaren Unterschied zwischen den «gewöhnlichen Überlebenden», die nur «Staub» waren, und den Ghettokämpfern, die den Kämpfern in Eretz Israel vergleichbar waren. Das hat nicht alle Ghettokämpfer beeindruckt. In Claude Lanzmanns Film *Shoah* sagte Antek Zuckerman, einer der überlebenden Anführer des Warschauer Ghetto-Aufstands und Mitglied des Kibbuz «Kämpfer der Ghettos», ganz unverblümt: «Wenn Sie an meinem Herzen lecken könnten, dann würden Sie sich vergiften.» Er bezog sich dabei auf die Haltung des Jischuw während des Krieges und danach.

Ich wurde nicht diskriminiert, als ich 1949 am Shaul-Tchernichovsky-Gymnasium in Netanya die «Sabra»-Kinder kennenlernte, aber ich weiß, dass das anderen Jugendlichen, die aus dem Nachkriegseuropa kamen, in den verschiedenen Einrichtungen, in die sie aufgenommen wurden, sehr wohl passiert ist. Die «Sabras» (in Eretz Israel geborene Kinder) betrachteten sich natürlich als Elite, und die Neuankömmlinge wurden oft als «Seifen» (*sabonim*) verspottet, in Anspielung auf Geschichten, wonach die Leichen von Juden zu Seife verarbeitet wurden. Das geschah zwar nicht systematisch, aber es kam vor. Apropos Diskriminierung: Viele der jungen Neuankömmlinge aus dem Nachkriegseuropa waren ihre ersten Opfer, vielleicht sogar noch vor den Einwanderern aus dem Jemen und mit Sicherheit vor denen aus Nordafrika. Israel war und ist eine komplizierte, kastenartige Gesellschaft.

19. April 2023

Bis zum 1. Mai, wenn die Knesset wieder zusammentritt (nach dem Unabhängigkeitstag am 25. April), wird die politische Aktivität an Intensität verlieren. Die Verhandlungen zwischen beiden Seiten werden in der Residenz des Präsidenten fortgesetzt. Es scheint, dass sie sich auf die Ernennung der Richter des Obersten Gerichtshofs konzentrieren, vor allem des Präsidenten des Gerichts (z. B. ob das Dienstalter bei der Ernennung eine wichtige Rolle spielen soll oder nicht).

Lapid hat erklärt, dass seine Partei die Verhandlungen sofort verlassen wird, wenn die Koalition auch nur den geringsten Versuch unternimmt, die Reform erneut voranzutreiben, sobald die Knesset wieder zusammengetreten ist. Es ist schwer zu glauben, dass die Levins und Rothmans nicht versuchen werden, weiterzumachen. Es ist auch schwer zu glauben, dass die Verhandlungen zu etwas führen werden. Die Frage ist, ob Gantz, der den Umfragen zufolge inzwischen an der Spitze der größten Oppositionspartei steht, versucht sein wird, die Opposition zu verlassen und sich für eine üppige Belohnung (Verteidigungsminister und Vizepremier vielleicht?) mit Netanjahu zusammenzutun. Natürlich ist das nur wilde Spekulation.

Noch einmal zurück zu meiner Bemerkung, wonach Israel eine kastenartige Gesellschaft ist. Glauben Sie zum Beispiel ja nicht, dass die Unterscheidung zwischen Sabras und anderen die einzige war. Ganz und gar nicht. Unter den Sabras gab es eine klare Unterscheidung zwischen den Kindern aus den Kibbuzim und denen aus den Städten, wobei der Kibbuz als die Aristokratie angesehen wurde (und innerhalb dieser Kategorie gab es einen Konkurrenzkampf zwischen den ältesten Kibbuzim, den Deganias, und einigen sehr alten und berühmten Dorfgenossenschaften, Nahalal). Und dann gab es noch Unterschiede zwischen den Einheiten, in denen man in der Armee diente, usw. Heute geht es eher um Stämme: die Nordafrikaner, die Russen, die Äthiopier, die Jemeniten, die «Jekes» (die Deutschen; die Bezeichnung stammt aus den 1930er Jahren und ist wahrscheinlich von dem Wort «Jacke» abgeleitet), die israelischen Araber und so weiter. Natürlich gibt es Mischehen, vor allem zwischen den jüdischen Stämmen, aber die Unterscheidungen sind noch lange nicht beseitigt.

Nun könnte man argumentieren, dass solcherart Unterscheidungen in jeder westlichen Nation, die durch Einwanderung entstanden ist, von ihr abhängen oder mit ihr zu tun haben, und natürlich auch in vielen östlichen Nationen gang und gäbe sind. Das stimmt, aber für eine Nation wie Israel, die ständig belagert wird, kann das, was bisher eine Quelle relativ gedämpfter sozialer Ressentiments war, zu einem gefährlichen existenziellen Problem werden, wenn es sich in einen tief spaltenden Antagonismus verwandelt, wie es heute der Fall ist. Und diese Spaltung wurde durch Netanjahus hemmungslose Hetze noch verstärkt.

20. April 2023

Verteidigungsminister Galant warnte heute, dass der Iran kurz davor stehe, waffenfähiges Nuklearmaterial herzustellen. Er fügte außerdem hinzu, dass Israels nächster Krieg an allen Fronten gleichzeitig geführt werden müsse. Keine gute Nachricht, aber seit einiger Zeit erwartet. Die große Frage ist: Werden die USA im Ernstfall an der Seite Israels stehen? Bidens Abneigung gegen Netanjahu scheint ziemlich offensichtlich zu sein, und der Druck der «Progressiven» innerhalb der Demokratischen Partei gegen jede pro-israelische Beteiligung wird heftig sein.

Mosche Koppel, der Vorsitzende des Kohelet-Forums (der rechtsgerichteten Vereinigung, die hinter der derzeitigen israelischen Koalition steht), gab eine seltsame Erklärung ab. Er mache sich keine Gedanken darüber, ob die Justizreform in den nächsten zwei oder drei Jahren verabschiedet werde; er sei aber zuversichtlich, dass sie in fernerer Zukunft umgesetzt werde, und zwar aus dem einfachen Grund, weil die Reproduktionsrate in der orthodoxen Gemeinschaft in Israel viel höher sei als die der säkularen Bevölkerung. In der Tat eine seltsame Erklärung. Es kommt Herrn Koppel offenbar nicht in den Sinn, dass sich ein beträchtlicher Teil der wachsenden Zahl ursprünglich orthodoxer Jugendlicher durch den Kontakt mit der modernen, säkularen Bevölkerung möglicherweise von der Orthodoxie abwenden und der säkularen Welt zuwenden wird, wie es bei orthodoxen Juden in den USA und in geringerem Maße auch in Israel bereits der Fall ist. Oder aber ein Teil bleibt orthodox, ist aber politisch liberal genug, um die juristischen Institutionen zu verteidigen, die von ihren Brüdern jetzt attackiert werden.

Irgendeine Regierungsbehörde hat beschlossen, dass Minister Ben-Gvir bei der Gedenkfeier für die gefallenen israelischen Soldaten, die traditionell am Vorabend des Unabhängigkeitstags stattfindet, in Be'er Scheva als Redner auftreten wird. Die Bevölkerung von Be'er Scheva ist in Aufruhr: Sie wollen den Clown Ben-Gvir nicht, der nie in der Armee gedient hat. Sie haben beschlossen, die Nationalhymne zu singen und Ben-Gvir während seiner Rede den Rücken zuzuwenden.

Der Polizeibeamte, der vor einigen Wochen in Tel Aviv ohne jeden Anlass eine Blendgranate auf Demonstranten geschleudert und einen von ihnen schwer verletzt hat (ihm wurde das Ohr abgerissen), erhielt eine jährlich vergebene Auszeichnung der Tel Aviver Polizei. Toll, oder?

21. April 2023

Gestern eine sehr emotionale Rede des pensionierten Obersten Richters Aharon Barak, der zu seiner Zeit den grundlegenden rechtlichen Rahmen für die israelische Demokratie geschaffen hat, also eine Art Grundgesetz. Er brachte seine Hoffnung zum Ausdruck, dass sich die Proteste in Demonstrationen von Millionen von Menschen verwandeln würden, eine Hoffnung, die wir alle teilen. Als er vor seinem Haus zu seinen Anhängern sprach, brüllten die von der Regierung mobilisierten Hooligans einem Mann, der vor 17 Jahren zurückgetreten war, «Rücktritt» entgegen. Wie traurig und beschämend.

Apropos beschämend: Netanjahu möchte die Knessetabgeordnete May Golan als Generalkonsulin nach New York entsenden. Die Dame, die mit 15 Jahren die Schule verlassen hat, ist eine erklärte und stolze Rassistin, bekannt für ihre antiafrikanischen Äußerungen. Konsulin in New York? Ein Sprecher des US-Außenministeriums stellte klar, dass Golans Äußerungen in den Vereinigten Staaten inakzeptabel seien. Wie verzweifelt muss Netanjahu sein?

Wenn ich daran denke, dass in den 1950er Jahren Arthur Lourie, mit dem ich durch die Heirat einer meiner Cousinen indirekt verwandt war, israelischer Generalkonsul in New York war, kann ich nicht umhin, mich zu fragen, wie tief der öffentliche Dienst Israels gesunken ist! Arthur, der im Laufe der Jahre zum Generaldirektor des israelischen Außenministeriums aufstieg, war Juraprofessor in Südafrika gewesen, bevor er noch vor der Staatsgründung in die Jewish Agency und dann in den diplomatischen

Dienst Israels eintrat. Er war ein höchst kultivierter Mensch, ein Freund und in vielerlei Hinsicht ebenbürtig mit einem anderen südafrikanischen Juden, Aubrey (Abba) Eban, der schließlich israelischer Außenminister wurde. Aber May Golan ist Abgeordnete des Likud, hatte einen Termin in Netanjahus Büro und kann ein bisschen Englisch ...

Eine kürzlich in den Abendnachrichten verbreitete Umfrage zeigt, dass 60 Prozent der Bevölkerung nicht glauben, dass diese Regierung sie vertritt. Noch bezeichnender ist die Tatsache, dass am Vorabend des 75. Jahrestags der Gründung Israels 48 Prozent der Bevölkerung keineswegs stolz auf die Errungenschaften ihres Landes sind und nicht optimistisch in die Zukunft blicken, sondern befürchten, dass die kommenden Jahre nur noch schlimmer werden.

Beobachter gehen davon aus, dass Netanjahu den gegenwärtigen Kurs nicht unbedingt aufgeben, sondern stattdessen versuchen wird, die Situation bis nach dem Sommer abkühlen zu lassen. Für die Zukunft der Koalition klingt das nicht ungefährlich.

22. April 2023

Die sechzehnte Woche in Folge protestieren rund 165 000 Demonstranten in Tel Aviv und eine halbe Million im ganzen Land gegen die Reform. In zwei Tagen wird es am Abend zum Gedenken an die gefallenen Soldaten zu einer größeren Konfrontation kommen.

Juval Diskin, der ehemalige Leiter des Schin Bet, sprach

auf der Demonstration in Tel Aviv. Die derzeitige Koalition sei zwar legal gewählt, aber moralisch inakzeptabel; sie sei von einem Mann geschmiedet worden, der selbst unter Anklage stehe und nur im eigenen Interesse handle. «Netanjahu», rief Diskin, «du bist nicht die Lösung, du bist das Problem». Starke Worte!

Justizminister Levin beharrt darauf, die Justizreform fortzusetzen: «Dafür sind wir gewählt worden.» Nach Angaben hoher Regierungsbeamter wird May Golan nicht Generalkonsulin in New York. Dass sie überhaupt als Kandidatin gehandelt wurde, ist befremdlich genug.

23. April 2023

Wachsendes Defizit im Staatshaushalt als Folge verschiedener Versprechen an die religiösen Parteien. Laut Gesetz muss der Haushalt bis Ende Mai verabschiedet sein, andernfalls muss die Knesset aufgelöst werden und es müssen Neuwahlen stattfinden. Wird sich die Koalition an das Gesetz halten? Eine weitere Sache, die unter den gegenwärtigen Umständen schwer zu glauben und auf die nicht wirklich zu hoffen ist.

Einige Minister werden am morgigen Gedenktag für die gefallenen Soldaten und die Opfer von Terroranschlägen (Jom haZikaron) aus Respekt vor den Hinterbliebenen nicht auf die Friedhöfe gehen. Nur Ben-Gvir versteht das nicht: Er weiß genau, dass er in Be'er Scheva nicht erwünscht ist, aber er besteht darauf, trotzdem zu kommen. Er will unbedingt in den Nachrichten sein.

Gestern fand in Tel Aviv ein Treffen der Delegierten des

Zionistischen Kongresses statt. Herzog kam und sprach. Netanjahu sagte seine Teilnahme ab, offiziell wegen anderer Verpflichtungen, in Wirklichkeit aber, weil er erfahren hatte, dass Tausende von Gegendemonstranten auf ihn warteten. Am selben Tag fanden in der Residenz des Präsidenten in Jerusalem sieben Stunden lang Verhandlungen zwischen beiden Seiten statt. Die Atmosphäre soll positiv gewesen sein, aber die Positionen liegen noch weit auseinander.

24. April 2023

Terroranschlag in Jerusalem in der Nähe des Machane Yehuda-Marktes: Acht Menschen werden von einem Auto angefahren und unterschiedlich schwer verletzt. Der Fahrer wurde «neutralisiert», so die Polizei.

In der Fernsehsendung «Face the Nation» wurde Netanjahu von der taffen Interviewerin Margaret Brennan ordentlich unter Druck gesetzt. Er musste zugeben, dass May Golan nun doch nicht zur Generalkonsulin in New York ernannt wird, dass er sein geplantes Erscheinen bei der Delegiertenversammlung des Zionistischen Kongresses in Tel Aviv wegen der Demonstrationen gegen ihn absagen musste, dass er Smotrich und Ben-Gvir in die Schranken weisen wird usw. Kurzum, keine sehr beeindruckende Vorstellung des Premierministers zum 75. Jahrestag der Staatsgründung. Im Übrigen versuchte Netanjahu es mit einem alten Trick, indem er die Journalistin mit «Margaret» anredete, um ein Gefühl der Vertrautheit zu erzeugen, aber sie ließ sich nicht auf ein «Bibi» ein ...

Smotrich fordert die Räumung des arabischen Dorfes Khan al-Ahmar südlich von Jerusalem – wie bereits erwähnt seit mehreren Jahren ein Streitpunkt. Dennoch beantragte die Regierung erneut beim Obersten Gerichtshof, eine international umstrittene Räumung zu verschieben.

Heute Abend findet die offizielle Gedenkfeier für die gefallenen Soldaten statt. Ben-Gvir scheint als einziger der umstrittenen Politiker darauf zu bestehen, bei der Zeremonie zu sprechen.

Über 10 000 Teilnehmer an einer gemeinsamen israelisch-palästinensischen Gedenkfeier, die von der Organisation «Israeli Palestinian Bereaved Families for Reconciliation and Peace» im Yarkon-Park in Tel Aviv organisiert wird. Die Zeremonie konnte stattfinden, nachdem rund 150 Palästinenser die Erlaubnis erhalten hatten, aus dem Westjordanland nach Israel zu kommen. Verteidigungsminister Galant hatte den Grenzübertritt untersagt, doch der Oberste Gerichtshof hob diese Entscheidung auf. Auf der Straße vor dem Park beschimpften rechte Demonstranten die «linken Verräter» und riefen «Kahane lebt» («Kahane chai»). Gemeint war damit die vom Rabbiner Meir Kahane gegründete rechtsextreme terroristische Partei, die in Israel verboten wurde und zu deren Mitgliedern einst der Mörder Baruch Goldstein und unser Minister Ben-Gvir gehörten.

25. April 2023

Sirenengeheul signalisierte heute morgen den Beginn des Gedenktags für die gefallenen Soldaten Israels. Während die Hauptgedenkfeier auf dem Herzlberg relativ reibungslos verlief, kam es während der Rede von Ben-Gvir in Be'er Scheva, wie vorhergesehen, zu schweren Zusammenstößen unter den Hinterbliebenen. Der böse Clown bestand darauf, unter strengen Sicherheitsvorkehrungen zu sprechen. Auch bei anderen Zeremonien kam es zu Zusammenstößen.

Auf dem Luftwaffenstützpunkt Tel Nof sprach der Kommandeur von einer bevorstehenden Herausforderung, wie sie die Piloten seit 1973 (Jom-Kippur-Krieg) nicht mehr erlebt hätten. Ist es das, was Netanjahu die Zuversicht gibt, die er an den Tag legt?

Zehntausende kamen zu der Demonstration in Tel Aviv, bei der der Text der israelischen Unabhängigkeitserklärung, ein Musterbeispiel für Demokratie, verlesen werden soll. Mehr als 2500 Menschen demonstrierten schweigend vor dem offiziellen Ort der Zeremonie auf dem Herzlberg in Jerusalem.

26. April 2023

Für morgen ist der «Protest einer Million» vor der Knesset angekündigt, ein Protest, der von den Befürwortern der Justizreform schon seit einigen Wochen vorbereitet wird. Geplant ist die Teilnahme von Levin, Rothman und Smotrich. Ihr Hauptslogan: «Sie werden uns die Wahlergebnisse nicht stehlen.» Netanjahu ist zwar eingeladen, wird aber «aus Sicherheitsgründen» nicht teilnehmen. Es ist jedoch bekannt, dass er sich aktiv an den Vorbereitungen beteiligt hat. Wie Levin bestätigte, zielt die Demonstration darauf ab, am Vorabend der Wiedereinberufung der Knesset in der nächsten Woche ein «klares Statement» abzugeben. Aus den Nachrichten geht nicht hervor, ob auch Schas dabei sein wird. Die orthodoxen Parteien werden fernbleiben. Das alles bedeutet, dass ein Teil der Koalition auf die Verabschiedung der Justizreform drängen wird, wenn die Knesset wieder zusammentritt.

Ein Abgeordneter von Ben-Gvirs Jüdischer Stärke schlägt ein Gesetz vor, das darauf abzielt, die Kriterien des Rückkehrgesetzes auf die Beschäftigung in allen Regierungsämtern anzuwenden. Offene Diskriminierung von Nicht-Juden.

27. April 2023

Etwa 100 000 Demonstranten in Jerusalem zur Unterstützung des Justizumbaus. Offiziell hat der Likud etwa fünf Prozent davon finanziert, was bedeutet, dass er in Wirklichkeit wesentlich mehr finanziert hat. Aber egal, sie haben ihre Demonstration gut organisiert und sogar einen Bereich für orthodoxe Teilnehmer ausgewiesen (die allerdings gar nicht kamen).

Den Nachrichten zufolge nahmen heute in Jerusalem etwa 200 000 Menschen an der Demonstration teil. Levin machte deutlich, dass er sich in der Partei von Ben-Gvir wohlfühlen würde: Er hielt eine Rede, die nichts weniger war als purer Hass gegen den Obersten Gerichtshof und das schlimmste demagogische Gift, das man sich nur vorstellen kann. Es muss lange her sein, dass man in Jerusalem so etwas Schmutziges gehört hat. Das Ziel ist klar: Die laufenden Schlichtungsgespräche in der Residenz des Präsidenten sollen beendet werden.

Je mehr ich darüber nachdenke, desto offensichtlicher wird es: Levins Ziel ist nicht nur, die Schlichtungsgespräche zu beenden, sondern auch der nächste Likud-Vorsitzende zu werden, Netanjahu aus dem Weg zu räumen und Führer einer so rigiden und ambitionierten Partei wie Jüdische Stärke zu werden. Wenn ihn niemand aufhält, könnte er eine Katastrophe über das Land bringen.

Es mehren sich die Gerüchte über den Versuch, eine neue Struktur für das Land zu schaffen, eine föderale Struktur, so ähnlich wie in der Schweiz. Ein Kanton für die orthodoxen, einer für die säkularen Juden. Die Idee ist gut, aber wir sind nun mal keine Schweizer. Außerdem werden unsere Nachbarn dafür sorgen, dass wir nicht die Zeit haben, solche komplizierten Verfassungsänderungen vorzunehmen.

28. April 2023

Heute wurden in der *Ha'aretz* neue Fotos veröffentlicht, die von einem Passagier der Altalena aufgenommen wurden. Es scheint sich um dieselbe Gruppe zu handeln, die auf den vier vorangegangenen Schnappschüssen zu sehen war, wahrscheinlich Juden aus DP-Lagern und, auf dem letzten Foto, Kinder aus Ben Shemen, die sie bei der Ankunft begrüßten, vor dem Massaker.

Bis heute ist es schwierig, die Schuld für die Morde zuzuweisen, die 16 Passagiere das Leben kosteten. Ich war unter den Passagieren, wahrscheinlich sogar der Jüngste. Welche Gründe auch immer Ben-Gurion für die Zerstörung des Schiffes hatte, es gab keinen vertretbaren Grund, auf die unbewaffneten Passagiere zu schießen, die ins Wasser sprangen und an Land schwammen – und noch weniger Grund, später zu erklären, das Geschütz, das das Schiff versenkte, sei eine «gesegnete» Kanone gewesen.

29. April 2023

Morgen tritt die Knesset für drei Monate wieder zusammen; Netanjahu will die Justizreform auf die lange Bank schieben, aber es ist unklar, ob ihm das gelingen wird.

Mehr als 180 000 Demonstranten in Tel Aviv, Zehntausende weitere im ganzen Land. Wenn der Haushalt nicht innerhalb eines Monats verabschiedet wird, muss die Knesset aufgelöst werden, und es kommt zu Neuwahlen.

30. April 2023

Bei der Eröffnung der Sommersitzung der Knesset verkündet Netanjahu, er sei davon überzeugt, dass die Kompromissgespräche am Amtssitz des Präsidenten erfolgreich sein werden, und unterstütze sie voll. Damit reagierte er quasi direkt auf die Erklärung von Levin auf den Demonstrationen in Jerusalem, wonach über die Reform sofort abgestimmt werden müsse und der Premierminister nicht mehr nachgeben solle.

Rechtsgerichtete Aktivisten wollten vor dem Haus des pensionierten Obersten Richters Aharon Barak in Tel Aviv demonstrieren. Das reichte aus, um Hunderte von Menschen zu seinem Haus zu bringen, die ihre Solidarität bekundeten. In der Knesset einigten sich die orthodoxen Parteien darauf, die Beratungen über das Gesetz zum Militärdienst für Jeschiwot-Studenten zu verschieben. Die Haushaltsberatungen dürften ihnen massive Vorteile bringen, so dass diese für sie wie auch für die anderen Koalitionsparteien Priorität haben.

Eine erstaunliche neue Umfrage: Wenn heute Wahlen stattfinden würden, sähe das Ergebnis so aus:

Partei von Gantz: 30 Mandate
Likud: 25 Mandate
Gegenwärtige Koalition: 51 von 120 Parlamentariern
Gegenwärtige Opposition: 63 von 120 Abgeordneten

Wer wäre Ihnen als Premierminister lieber?
Gantz: 43 %
Netanjahu: 33 %

Wenn die Kompromissgespräche nicht erfolgreich sind, was sollte dann mit der Justizreform geschehen?
Aufgeben: 55 %.
Vorantreiben: 29 %.

Wenn die Haushaltsberatungen bloß scheitern würden.

1. Mai 2023

In Israel gibt es keine Feier zum internationalen Tag der Arbeit mehr, sondern nur noch erbitterte interne Kämpfe. Sie werden wahrscheinlich während dieser Sitzungsperiode der Knesset ihren Höhepunkt erreichen: Gantz sagte heute, bei den Gesprächen mit dem Präsidenten gebe es keine wirklichen Fortschritte. Die Opposition werde nicht zulassen, dass die Koalition auf Zeit spiele. Aber was kann er tun, außer die Gespräche abzubrechen? Netanjahu erklärte, eine Verständigung sei möglich; er spielt mit Sicherheit auf Zeit.

Juli-Joel Edelstein, ein hochrangiges Mitglied des Likud, erklärte, er wolle mit der Partei, die für das Scheitern der Gespräche verantwortlich ist, nichts zu tun haben. Das ist ermutigend, aber ein Abgeordneter reicht nicht aus, um die Mehrheitsverhältnisse zu ändern. Es bleibt zu hoffen, dass weitere folgen werden. In der gestrigen Umfrage sahen nur acht Prozent der Befragten den Umbau der Justiz als vorrangige Aufgabe an. Andererseits konnte man unter den Demonstranten, die gegen Aharon Barak demonstrierten, eine Stimme hören, die rief: «Das Volk hat für Yariv Levin gestimmt!»

2. Mai 2023

Die orthodoxe Partei (Degel haTora) lehnt es vorerst ab, die Verabschiedung des Gesetzes über den Militärdienst von Jeschiwot-Schülern zu verschieben. Sie wollen dieses Gesetz sofort, bevor über den Haushalt diskutiert wird. «Wenn Sie es jetzt nicht liefern können», sagte Rabbi Meir Porusch, die graue Eminenz der Partei, zu Netanjahu, «dann gehen Sie nach Hause.» Die Orthodoxen behaupten, das Gesetz sei ihnen in den Koalitionsvereinbarungen versprochen worden. Werden sie bereit sein, die Koalition zu verlassen?

Wie ich bereits sagte, kannte ich sehr liberale und sanftmütige religiöse Menschen, aber sie waren nicht typisch für die orthodoxe Gemeinschaft. Es handelt sich bei ihr um eine in sich geschlossene Gemeinschaft, die sich ausschließlich auf ihre eigenen Interessen und auf kaum etwas anderes konzentriert. Solange sie nur eine relativ schwache Gruppe unter viel stärkeren Parteien war, passte sie sich dem Willen der Mehrheit an, aber jetzt, da sie ein wichtiger Bestandteil der Koalition ist, wird sie darauf bestehen, alles zu bekommen, was ihr versprochen wurde.

Die selbst auferlegte Isolation des orthodoxen Judentums hat eine lange Tradition. Vor der zweiten Hälfte des 18. Jahrhunderts folgte die überwiegende Mehrheit der Juden verschiedenen Richtungen der Orthodoxie und lebte teils aus Zwang, teils aus freien Stücken isoliert von der sie umgebenden nicht-jüdischen Gesellschaft. Während der Schoa versuchten orthodoxe Rabbiner, sich um jeden Preis zu retten, und nach dem Krieg beschuldigten sie säkulare Parteien aller möglichen Verfehlungen. Selbst das Gedenken an die Schoa war in Israel lange Zeit exklusiv, soweit es die Orthodoxen betraf. Bis heute erkennen die orthodoxen Parteien den Staat Israel nur so lange an, wie er ihre eigenen Interessen bedienen kann.

Es wäre allerdings ein Fehler, die Orthodoxen mit den Misrachim gleichzusetzen. Ein Teil, die Anhänger der Schas-Partei, sind qua definitionem Misrachim. Tatsächlich aber gibt es in den litauischen Jeschiwot, wie auch in den chassidischen, eine unausgesprochene Zulassungsbeschränkung für misrachische Kandidaten, was einer der Gründe für die Gründung von Schas war. In gewisser Weise ist das Video der Zwölftklässlerinnen der Religionsschule Horev, das einen solchen Skandal auslöste, wohl nicht weit von der allgemeinen Atmosphäre an der Schule entfernt.

Zu den religiösen Freunden, die wir in Jerusalem hatten und die zutiefst liberal waren, gehörten der Professor für jüdische Philosophie, Stéphane Mosès, und seine Frau, die Malerin Liliane Klapisch. Aber das war nicht die übliche Haltung der orthodoxen Einwanderer aus Frankreich nach dem Sechs-Tage-Krieg. Diese «elsässische» Einwanderung war sowohl aschkenasisch als auch orthodox. Im Laufe der Jahre bildeten die Misrachim die Mehrheit unter den religiösen Nachwuchsoffizieren der Armee; nicht orthodox genug, um den Militärdienst zu scheuen, aber religiös genug, um eine eigenständige und wachsende Gruppe in einer Armee zu bilden, die zuvor im Wesentlichen nicht religiös war.

3. Mai 2023

Zurück zur aktuellen politischen Lage: Zwischen dem Likud und Ben-Gvirs Jüdischer Stärke ist eine Krise ausgebrochen, die schon seit einiger Zeit schwelte. Der böse Clown beklagt sich darüber, dass er nicht zu den Sitzungen des Sicherheitskabinetts eingeladen wird, dass Israel nur schwach auf die Raketenangriffe aus dem Gazastreifen reagiert, dass die von ihm befürworteten Maßnahmen gegen Terroristen keine Berücksichtigung finden usw. Als Vergeltung hat sich seine Partei bei den Abstimmungen in der Knesset der Stimme enthalten. Jüdische Stärke wird eine neue Parteizentrale in Sderot eröffnen, einer der Städte, die am meisten unter den sporadischen Angriffen aus dem Gazastreifen zu leiden haben. Ein Likud-Sprecher erklärte Ben-Gvir, dass er die Koalition verlassen könne, wenn er sich weiterhin der Teilnahme an Knesset-Abstimmungen enthalte, worauf er antwortete: «Sie müssen mich schon entlassen.» Das wäre das Ende der Koalition. Kurzum, Netanjahu sieht sich Drohungen sowohl von der orthodoxen Partei als auch von Ben-Gvirs Partei ausgesetzt. Steht das Ende bevor?

In den letzten Wochen sind mehrere bedeutende Persönlichkeiten der israelischen Kulturszene verstorben: der Dichter Meir Wieseltier, der Romancier Meir Shalev, der bekannte Komponist und Schriftsteller Yonatan Gefen. Sie alle waren politisch engagiert und gehörten der Linken oder sogar der extremen Linken an. Sie folgen einer Reihe von anderen Schriftstellern, darunter Amos Oz, die zu den Vorreitern der kulturellen Linken gehören.

Nur Abraham B. Jehoshua war oft unentschlossen, aber nie rechts. Seit den verrückten Tagen des Sechs-Tage-Krieges, als eine Reihe israelischer Schriftsteller vorübergehend zu Befürwortern von Eretz Israel wurden, ist die israelische Kulturszene links. Die einzigen verbliebenen Hauptfiguren dieser Gruppe von Schriftstellern sind David Grossman und Etgar Keret. Ich bin sicher, dass es noch viele andere gibt, aber ich bin zu weit weg, um die politischen Neigungen einer viel jüngeren Generation zu verfolgen. Es scheint jedoch nicht so, als gäbe es auf der Rechten irgendeine bedeutende Stimme.

Es ist nicht so, dass ich von den Gedichten und Romanen der Verstorbenen viel kenne, da ich Schwierigkeiten habe, Hebräisch schnell zu lesen, und nach einer Weile die Geduld verliere. Aber vor Jahren habe ich die Autobiographie und die politischen Schriften von Amos Oz, die Romane von A. B. Jehoshua und David Grossman und einige Erzählungen von Etgar Keret gelesen, und sie haben mir gefallen. Für Menschen, die mit dem Gepäck großer Literatur in einer Sprache kommen, die sie als ihre Primärsprache betrachten (in meinem Fall Französisch), ist es schwierig, sich eine völlig fremde Kultur und deren Literatur anzueignen, die oft nicht so gut ist wie die ihrer Hauptsprache. Ich vermute, genau das war das Hindernis, auf das viele deutsche Auswanderer in den 1930er Jahren und russische Einwanderer in jüngerer Zeit gestoßen sind.

Insofern können in Israel geborene Kinder sich die neue hebräische Kultur auf ganz natürliche Art und Weise aneignen und konsumieren. Für sie ist es großteils die einzige Kultur, derer sie sich bis ins Teenageralter bewusst sind. Für viele Erwachsene, die mit den ersten Einwanderungswellen kamen, war es zum Teil eine Kultur, die sie bereits kannten, und vor allem eine kulturelle und ideologische Verpflichtung. Zwar wurde Hebräisch durch die Jahrhunderte hindurch im Religionsunterricht, bei allen religiösen Zeremonien und in der rabbinischen Gelehrsamkeit verwendet, doch eine nicht-religiöse hebräische Kultur gab es in der blühenden jüdischen Gemeinschaft in Spanien während der Zeit der muslimischen Herrschaft, insbesondere vom 10. bis zum 12. Jahrhundert, sowie in Osteuropa von der Haskala (der jüdischen Aufklärung) bis ins frühe 20. Jahrhundert. Ein Teil der in beiden Perioden geschriebenen Literatur hat Eingang in den israelischen Kanon gefunden.

All das wurde mir rasch bewusst, und ich gab mein Bestes, als ich aufs Gymnasium in Netanja kam. Ich bekam sogar Bestnoten für einen Aufsatz über *Die Reisen Benjamins des Dritten* von Mendele Moicher Sforim (ein Pseudonym, das übersetzt «Mendele der wandernde Buchhändler» bedeutet), einem auf Jiddisch und Hebräisch schreibenden Schriftsteller aus der zweiten Hälfte des 19. Jahrhunderts. Aber wie ich an anderer Stelle erwähnt habe, ging ich in den Monaten davor lieber an den Strand und las in einer ruhigen Ecke mein einziges verfügbares französisches Buch, *Dominique*, einen Roman von Eugène Fromentin.

4. Mai 2023

Das Interview von Gantz bei Ynet Radio ist vor allem wegen seines Vorschlags für einen Deal mit Netanjahu bemerkenswert: Die Anklagen würden aufgehoben, aber er müsse aus dem politischen Leben ausscheiden. Schwer zu glauben, dass Netanjahu das akzeptieren würde. Tatsache ist jedoch, dass er sich einer Krise nach der anderen gegenübersieht und nicht in der Lage ist, zu regieren, ohne sich mit enormen Forderungen seiner Koalitionspartner, seien sie nun religiös oder nationalistisch, konfrontiert zu sehen. Heute beschloss auch Schas, sich bei der Abstimmung in der Knesset der Stimme zu enthalten, weil das Gesetz, das Deri wieder in die Politik zurückbringen würde, auf Eis gelegt wurde: «Wir wollen nicht ohne Deri weitermachen.» Bedeutet das, dass sich alle drei Likud-Koalitionspartner der Stimme enthalten werden?

Vor dem Haus von Aharon Barak fanden heute Großdemonstrationen für und gegen die Justizreform statt. Die Demonstranten, die die Justizreform befürworteten, spielten marokkanische Musik und verteilten marokkanische Süßigkeiten an die Passanten, und zwar angeblich deshalb, weil Barak der Richter gewesen sei, der den Aktivismus des Obersten Gerichtshofs initiiert habe, und behauptet haben soll, er könne keinen marokkanischen Richter für den Obersten Gerichtshof finden. Auf der anderen Straßenseite standen Demonstranten, die gekommen waren, um Barak zu unterstützen. Die Ressentiments der Misrachim, die Netanjahu bei den Wahlen so geschickt für sich genutzt hat, haben sich verfestigt und weiter verbreitet, sie durchdringen jetzt jeden Spalt des israelischen Lebens.

Drei Palästinenser, die an der Ermordung einer Mutter und ihrer beiden Töchter vor einigen Wochen beteiligt waren, wurden heute in der Kasbah von Nablus getötet.

5. Mai 2023

Ein sehr ausführliches Porträt von Justizminister Yariv Levin in *Ha'aretz* kommt zu dem Schluss, dass er trotz aller Dementis nun die höchste Machtposition im Likud anstrebt und anschließend Netanjahu als Premierminister ablösen will. In dem Artikel wird er als «die Schlange mit der Brille» bezeichnet; tatsächlich ist er eine giftige Brillenschlange.

6. Mai 2023

Heute Abend beginnt die 18. Woche der Demonstrationen gegen die Justizreform. Wir werden sehen, ob Netanjahus impliziter Plan, den endgültigen Vorstoß um einige Monate hinauszuzögern, aufgeht. Es wäre letztlich ein Sieg für Yariv Levin und die verschiedenen Architekten des Justizumbaus, sowohl Nationalisten als auch Orthodoxe. Mit Sicherheit aber wäre es das Ende der Demokratie in Israel.

In Wahrheit war die Entscheidung, die Besetzung des Westjordanlands zu verlängern und die Siedlungen zu errichten, im Grunde der Akt, der zum Ende der Demokratie führte. Es ist überhaupt nicht klar, ob diese Entscheidung rückgängig zu machen ist. Ist eine mutige Entscheidung für eine Zwei-Staaten-Lösung noch möglich, um die israelische Demokratie zu retten? Jeder Tag, der ohne eine Lösung vergeht, ist ein Tag, der die Hoffnung auf eine echte Demokratie schwinden lässt. In der Zwischenzeit wird Israels allgegenwärtige Überwachung der Araber von Tag zu Tag technologisch ausgefeilter. Nachrichtenagenturen zufolge sind Kameras zur Gesichtserkennung jetzt der neueste Clou. Sie werden angeblich überall dort eingesetzt, wo Araber leben.

Ich kenne keine offensichtliche Periode der Demokratie vor dem schicksalhaften Sechs-Tage-Krieg und den darauffolgenden Eroberungen. Davor lagen alle Hebel der Verwaltung, der Armee und der Polizei – und natürlich alle wichtigen politischen Entscheidungen – in den Händen von Mapai (Partei der Arbeiter von Eretz Israel), der Mehrheitspartei unter dem eisernen Griff Ben-Gurions, mit dem kurzen Zwischenspiel von Mosche Scharet (aus derselben Partei) und den etwas liberaleren Eschkol-Jahren (ebenfalls aus derselben Partei), nachdem Ben-Gurion beschlossen hatte, sich aus der Politik zurückzuziehen. In den Zeiten von Ben-Gurion wurde den Neueinwanderern aus Nordafrika mehr oder weniger befohlen, Mapai zu wählen, und man versprach ihnen verschiedene Vorteile, wenn sie dies taten. Sie wussten es nicht besser und taten meist, wie ihnen befohlen. Was die Araber anbelangt, so wählten sie natürlich Mapai.

Etwa 150 000 Demonstranten in Tel Aviv und Tausende weitere im ganzen Land.

7. Mai 2023

Bei der Beerdigung des jungen Arabers, der nach einem Streit auf offener Straße in der Gegend des Gilboa von einem in der Nähe wohnenden Juden getötet wurde, versammelten sich Tausende von Arabern aus der Umgebung, und es kam zu einer Reihe von pro-palästinensischen und anti-israelischen Aufwallungen. Heißt das, dass auch in Israel der Hass unvermindert weitergeht? Wahrscheinlich.

Zwei neue Straßen im Westjordanland geplant: eine für Israelis, eine für Palästinenser. Außerdem gibt es Pläne für den Bau neuer Wohneinheiten in den besetzten Gebieten. Die Siedlungspolitik und ihre Apartheiddimension schreiten unaufhaltsam voran.

Ben-Gvir hat vor, auf dem jährlichen diplomatischen Empfang der Europäischen Union in Israel zu sprechen. Warum hat Netanjahu ihn zu dieser Veranstaltung entsandt? Wahrscheinlich, um ihn für seine Zurückhaltung in anderen Fragen zu entschädigen und um die Koalition über Wasser zu halten.

Ein weiteres Manöver, um die Koalition am Leben zu erhalten, ist die enorme Menge an Geld, die im geplanten Staatshaushalt, der in zwei Wochen diskutiert wird, für die orthodoxen Parteien eingeplant ist. Das bedeutet schwere Einschnitte bei den normalen Staatsausgaben wie Bildung und Gesundheit. Es ist klar, dass hinter all dem Smotrich als Finanzminister steht. Es gibt eine gemeinsame Front zwischen allen orthodoxen Parteien zugunsten ihrer eigenen Interessen und im Gegensatz zu den Bedürfnissen des Staates.

8. Mai 2023

Die Diplomaten der EU haben den traditionellen Empfang zum Jahrestag der Union abgesagt, um eine Rede von Ben-Gvir zu vermeiden. Unterdessen nehmen die Spannungen im Zusammenhang mit den Haushaltsverhandlungen zu, da Ben-Gvir weiterhin die verschiedenen Knesset-Foren boykottiert. Sogar Smotrich hat ihn dazu aufgerufen, guten Willen für die gemeinsame Sache zu zeigen. Ich vermute, dass er warten wird, bis ihm eine angemessene Entschädigung angeboten wird. In der Zwischenzeit ist es ihm gelungen, einen Polizeibeamten wieder in Dienst zu stellen, der für schuldig befunden wurde, eine Palästinenserin angegriffen zu haben.

9. Mai 2023

Die Armee hat im Gazastreifen drei hochrangige Militärkommandeure des Islamischen Dschihad getötet. Da mit Vergeltungsmaßnahmen gerechnet wird, werden in den Dörfern und Städten rund um den Gazastreifen Sicherheitsmaßnahmen ergriffen.

Zweiter Angriff in Gaza auf eine Einheit, die Flugabwehrgeschütze abfeuern wollte. Beim ersten Angriff auf den Islamischen Dschihad wurden neben den drei Kommandeuren zehn Zivilisten getötet, beim zweiten kamen zwei Zivilisten ums Leben. Die UNO hat die Angriffe verurteilt, aber das ist irrelevant; sie wird automatisch Israel verurteilen. Die Frage ist: War der erste Angriff notwendig oder war er ein weiteres Manöver Netanjahus, um die Koalition über Wasser zu halten? Ben-Gvir ist bereit, Teil des Teams zu werden und hat bereits erklärt, es sei sein Drängen gewesen, das Netanjahu zum Handeln gezwungen habe. Es würde mich nicht wundern, wenn er ausnahmsweise mal die Wahrheit sagt.

In der kurzen Geschichte Israels war der Krieg ein wesentlicher Bestandteil seiner Existenz. In den meisten Fällen schienen die Kriege (über-)lebensnotwendig zu sein; in einigen wenigen Fällen waren sie das Ergebnis schlechten Urteilsvermögens oder, schlimmer noch, politischer Manöver und ohne jede Rechtfertigung (das vielleicht markanteste Beispiel ist der Zweite Libanonkrieg 2006). Das Problem ist, dass der unvermeidlich intransparente Charakter der israelischen Verteidigungspolitik eine Beurteilung von außen während der Ereignisse und manchmal noch lange danach fast unmöglich macht. In der gegenwärtigen Lage ist es besonders schwierig, einen klaren Blick zu haben.

Das Land steuert möglicherweise auf einen größeren Krieg zu, und die Bevölkerung wurde dazu aufgerufen, ihre Luftschutzbunker zu bestücken und vorzubereiten. Außerdem findet eine massive Evakuierung der Bewohner rings um den Gazastreifen statt. Neu ist, dass das Land zum ersten Mal kaum internationale Unterstützung erhalten wird. Eine Schlagzeile in *Ha'aretz* drückte im Übrigen recht treffend aus, was viele empfinden: «Bei ihren Einsätzen werden unsere Piloten nicht wissen, ob sie für ihr Land oder für die israelische Regierung kämpfen.» Netanjahu hat die Atmosphäre so sehr vergiftet, dass allerorten Misstrauen herrscht.

10. Mai 2023

Der Islamische Dschihad hat mit einem Raketenhagel auf das Zentrum Israels reagiert, allerdings ohne große Wirkung. Das Ganze kann sich entweder zu einem größeren Konflikt entwickeln oder zu einem Waffenstillstand führen.

Trotz des anhaltenden Raketenbeschusses aus dem Gazastreifen scheint sich eine von Ägypten vermittelte Waffenruhe anzubahnen, auch wenn die Forderungen der Palästinenser schwer zu akzeptieren sind. Inzwischen ist auch der stellvertretende Kommandeur der Raketentruppen des Islamischen Dschihad getötet worden. Wie ein israelischer Fernsehkommentator ganz richtig sagte, sind dies alles taktische Erfolge, die aber auf strategischer Ebene nichts ändern. Was sich ändert, ist die Geduld von Netanjahu und des Likud angesichts der ständigen Selbstbeweihräucherung von Ben-Gvir. Das geht inzwischen so weit, dass das Fernsehen Bilder von einer Kabinettssitzung übertrug, bei der fast alle Mitglieder zu sehen waren – außer Ben-Gvir. Aber wie will Netanjahu den bösen Clown loswerden, ohne die Koalition zu gefährden? Wird Gantz bereit sein, ihn zu retten?

Es hat schon früher Fälle gegeben, in denen es ständig zu Meinungsverschiedenheiten zwischen einem Premierminister und einem unabhängig denkenden Regierungsmitglied kam: Ben-Gurion gegen Lawon und Scharet, Begin gegen Scharon, Rabin gegen Peres. Aber in jedem dieser Fälle führte das letztlich entweder zum Rücktritt des Regierungschefs oder des unabhängig denkenden

Ministers oder zu einer Pseudo-Versöhnung, die jedoch nichts an der vorübergehenden Vorherrschaft der Mehrheitspartei und ihrer bestehenden Koalition änderte. Jetzt ist die Situation viel kritischer.

Lassen Sie es mich noch einmal wiederholen: Die gegenwärtige Lage innerhalb des Landes geht weit über die Möglichkeit einer rein politischen Krise hinaus. Wir stehen vor einer großen sozialen Krise, denn das Land ist nunmehr gespalten in einen liberalen und liberal-observanten, mehrheitlich aschkenasischen Teil, der in krassem Gegensatz zu einem überwiegend orthodoxen, mehrheitlich misrachischen Teil steht, und beide Teile müssen sich mit der aggressiven Politik der Pro-Siedler-Fraktion auseinandersetzen. Mit anderen Worten: Tiefsitzende gesellschaftliche Ressentiments und fanatische messianische Träume vermischen sich mit politischem Kalkül. All das gibt es schon seit langem, es war aber in eine fragile, brüchige Hülle gepackt, bis diese dank der Forderungen verschiedener Parteien der derzeitigen Koalition zerbrach.

Derweil haben die Angriffe auf den und aus dem Gazastreifen den Demonstrationen ein Ende gesetzt, und es wird nicht leicht sein, sie wieder aufzunehmen. Wenn das von Netanjahu so eingefädelt wurde, dann war das clever für die unmittelbare Zukunft, aber nicht auf lange Sicht. Das Problem ist, dass wir die wahren Gründe für diesen so genannten Krieg immer noch nicht kennen.

11. Mai 2023

Noch kein Waffenstillstand.

Die sozialen Ressentiments der Misrachim haben mich lange Zeit gestört. Einerseits mag ich die politischen Optionen von Schas nicht, andererseits weiß ich, dass die oft automatische und unbewusste Ablehnung, unter der die Misrachim zu leiden hatten, real war. Es stimmt, dass man in einigen der anspruchsvollsten Positionen der Armee jahrelang nicht viele Misrachim finden konnte; wer zum Beispiel Pilot wurde, musste Fähigkeiten nachweisen, die die meisten Misrachi-Kandidaten noch nicht erworben hatten. Ich bin nicht sicher, ob die Situation heute ausgewogener ist. Der Protest der Luftwaffenmechaniker vor einigen Wochen dagegen, dass sie Bürger zweiter Klasse seien, war unberechtigt, weil wahrscheinlich niemand sie als solche betrachtete, aber er war in ihren eigenen Augen gerechtfertigt, weil die prestigeträchtigsten Positionen bei der Luftwaffe noch nicht gleichberechtigt mit Leuten ihrer Gesellschaftsgruppe besetzt sind. Und wie ich bereits erwähnt habe, war es bei einem Teil der Ultraorthodoxen so, dass die Misrachim an ihren Jeschiwot bewusst und willentlich abgelehnt wurden.

12. Mai 2023

Wozu ist das Ganze gut, außer zur – vorübergehenden – Konsolidierung von Netanjahus Koalition? Der Islamische Dschihad ist keine Organisation von Chorknaben, und im

Falle eines echten Konflikts gibt es keinen Grund, nicht so hart wie nötig gegen sie vorzugehen, aber hier, für nichts? Interessant ist übrigens, dass die Hamas sich nicht in die Auseinandersetzung einmischt. Sie will die Zivilbevölkerung, für die sie verantwortlich ist, schonen, während der Dschihad ausschließlich auf den militärischen Kampf gegen Israel fixiert ist. Die ganze Episode wäre lächerlich, gäbe es nicht auf beiden Seiten zivile Opfer.

13. Mai 2023

Es ist schwer auszumachen, ob die Feuergefechte aufgehört haben oder nicht. Wie es scheint, senden die USA Signale, dass es an der Zeit ist, dem Spiel ein Ende zu machen.

Vor ein paar Tagen sprach ich mit jemandem, der wie ich schon lange nicht mehr in Israel lebt, aber ein- oder zweimal im Jahr zu Besuch ist und der meine Ansichten über die aktuelle Politik im Land teilt. Er bestätigte, was ich spürte: Die offizielle Politik sei unerträglich, aber andererseits seien die Demonstranten Seelenverwandte, zumindest ein Teil von ihnen, und vor allem seien da die Freunde, jene Freunde, die man manchmal schon aus der Grundschule oder der Mittelschule kennt, häufiger aber aus der Armee, Weggefährten, die einen manchmal ein ganzes Leben lang begleiten. In diesem Sinne ist die Rolle der Armee in Israel ziemlich einzigartig. Ungeachtet ihres brutalen Vorgehens in den besetzten Gebieten und ihrer Funktion als Schmelztiegel, die sie im Allgemeinen erfüllt, schafft sie sehr oft starke Bindungen und lebenslange Freundschaften. Ich habe diese Erfahrung nicht gemacht, da ich unmittelbar nach meinem Militärdienst zum Studium nach Paris gegangen bin und dort einen langjährigen Freund gefunden habe. Mein Fall war nicht typisch, aber der desjenigen, mit dem ich kürzlich gesprochen habe, schon. Sicher ist, dass man nicht gleichgültig bleiben kann angesichts dessen, was gerade in diesem Land geschieht.

Ein Waffenstillstand mit dem Islamischen Dschihad ist in Kraft getreten.

15. Mai 2023

Simcha Rothman zufolge könnte ein Teil der Justizreform noch während der laufenden Sitzungsperiode der Knesset, d. h. vor dem 30. Juli, verabschiedet werden, falls die Verhandlungen am Amtssitz des Präsidenten (die morgen wieder aufgenommen werden) scheitern. Netanjahu, der sich selbst den Erfolg der jüngsten Operation gegen den Islamischen Dschihad zuschreibt, dankt dem Generalstabschef und der Armee, vermeidet es aber systematisch, Verteidigungsminister Galant zu erwähnen. Der Likud legt in den Umfragen wieder leicht zu, und die Koalition käme aktuell auf 54 Sitze.

Netanjahu kündigte an, dass der jährliche Flaggenmarsch wie geplant am Donnerstag in Jerusalem stattfinden werde. Ben-Gvir wird daran teilnehmen. Er ist jedes Jahr Anlass zu Konflikten. Es besteht kein Zweifel daran, dass sich die israelische Gesellschaft nach rechts bewegt – vielleicht nicht zur extremen Rechten, aber doch nach rechts. (Wahrscheinlich nicht über das hinaus, was die USA tolerieren würden, aber in Richtung dessen, was wir als gemäßigte republikanische Rechte bezeichnen würden.) Wenn Biden nächstes Jahr gewinnt, wird sich Netanjahu anpassen müssen, aber wenn die Republikaner gewinnen ...

Ich habe den ganzen Zyklus erlebt: Es ist nicht so, dass die sozialistische Phase eine besonders erinnernswerte Periode war, abgesehen von Parteien wie Mapam und Meretz, die mehr daran interessiert waren, ein Arrangement mit den Palästinensern zu finden, als an irgendeinem anderen linken Ziel. Jossi Sarid und Schulamit Aloni waren meine bevorzugten Politiker, aber ihr Einfluss war minimal. Die Linke der 1960er und 1970er Jahre war der heutigen Rechten auf alle Fälle vorzuziehen. Die Rechte von heute muss mit allen legalen Mitteln bekämpft werden. Ich hoffe, die Demonstrationen werden bald wieder aufgenommen.

16. Mai 2023

Der Haushalt, wie er derzeit vorgeschlagen wird, mit all seinen Vergünstigungen für die Ultraorthodoxen und seinen zusätzlichen Ausgaben für die Siedler, wird das Wirtschaftswachstum ernsthaft bremsen und den Lebensstandard für die Mehrheit der Israelis senken. Das könnte die Proteste befeuern.

Kennen Sie unsere ultraorthodoxe Verhandlungsmethode? Nun, da die Strenggläubigen einige erstaunliche Vergünstigungen erhalten haben, verlangen sie plötzlich 627 Millionen NIS mehr. Und sie werden sie wahrscheinlich bekommen, oder zumindest einen beträchtlichen Teil davon. Und auch das haben sie nicht vergessen: Wo ist das Gesetz, das die Jeschiwot-Studenten vom Militärdienst befreit? Es sollte unbedingt jetzt verabschiedet werden, noch vor dem Haushalt! Wie wird sich unser Houdini da herauswinden?

Ein beunruhigender Bericht über die Zunahme des Antisemitismus in Europa. Offenbar erwägen etwa 38 Prozent der europäischen Juden eine mögliche Auswanderung, insbesondere wegen antijüdischer Einstellungen und Aktivitäten an den Universitäten. Ich weiß nicht, ob die Statistik korrekt ist, aber die Zunahme des Antisemitismus, die vor allem auf die Zunahme eines virulenten Antizionismus zurückzuführen ist, ist an den Universitäten in den USA ebenso spürbar wie in Europa. Dieser wachsende Antisemitismus war schon viele Jahre vor der jetzigen Regierung in Israel zu beobachten, aber natürlich ist die gegenwärtige politische Situation nicht hilfreich. Die Frage ist, inwieweit diese Judenfeindschaft neu ist oder ob es sich bei der antizionistischen Propaganda im Wesentlichen um den alten Antisemitismus in neuem Gewand handelt. Wie ich bereits sagte, ist nicht jede Kritik an Israel antisemitisch, und Antisemitismus erkennt man meist an einem Ton (oder einem Unterton) des blanken Hasses.

17. Mai 2023

Ben-Gvir hat erneut die Abstimmung in der Knesset boykottiert (wegen unzureichender Haushaltsmittel für den Negev und Galiläa) und damit ein von der Opposition eingebrachtes Gesetz passieren lassen. Netanjahu sagt, er werde das Problem lösen. In einer Sitzung der Jüdischen Stärke kritisierte Ben-Gvir auch seinen Verbündeten (zumindest bis jetzt) Smotrich wegen dessen Unfähigkeit, zusätzliche finanzielle Mittel aufzutreiben. Und die Ultraorthodoxen fordern weiterhin ihre 627 Millionen Schekel. Kurzum, die Haushaltsdebatte hat sich zu einem unerquicklichen Zirkus entwickelt.

Morgen findet in Jerusalem der provokative Flaggenmarsch statt. Die Polizei ist in höchster Alarmbereitschaft. Die Hamas spricht Drohungen aus. Der böse Clown wird teilnehmen.

18. Mai 2023

Tausende marschierten gestern in Jerusalem ohne größere Zwischenfälle, zeigten aber einmal mehr die hässlichste Seite des israelischen Nationalismus und Rassismus: Sie hätten die antiarabischen Beleidigungen hören und die versuchten Gewaltakte sehen sollen (die dank der massiven Polizeipräsenz im Keim erstickt wurden), als Hunderte jüdischer Jugendlicher durch Jerusalems arabische Viertel zogen. Ben-Gvir hat daran teilgenommen, und es ist seine Partei, die am sichtbarsten unter den besonders Lautstarken und Gewalttätigen vertreten war.

Der Haushaltszirkus geht ohne Kompromiss weiter, obwohl Netanjahu zuversichtlich zu sein scheint, dass der Haushalt bis zum 29. Mai verabschiedet wird. Der Gouverneur der Bank von Israel kündigt an, dass der Zinssatz in der nächsten Woche aufgrund der Inflation erneut angehoben wird.

19. Mai 2023

Ein interessanter Bericht in den Abendnachrichten: Immer mehr junge ultrareligiöse Männer – wenn auch noch eine Minderheit – studieren weltliche Fächer wie Englisch und Mathematik, die bis vor kurzem in ihrem Milieu verboten waren. Ohne eine solche Ausbildung haben sie kaum Zugang zur Wirtschaft und müssen von den mageren Gehältern ihrer Ehefrauen, von Almosen und staatlichen Zuwendungen leben.

Wenn der Haushalt bis zum 29. Mai nicht verabschiedet ist, müssen im Übrigen Neuwahlen stattfinden. Der böse Clown wird es nicht wagen, die Koalition zu Fall zu bringen, aber die Ultraorthodoxen könnten es tun.

20. Mai 2023

Heute, in der 20. Woche, haben die Demonstrationen im ganzen Land wieder begonnen, nachdem sie während der Militäroperationen gegen den Islamischen Dschihad aus Sicherheitsgründen vorübergehend ausgesetzt worden waren.

21. Mai 2023

Der böse Clown kann keinen Tag ohne irgendeine Provokation verstreichen lassen. Jetzt war er auf dem Tempelberg. Natürlich sind mehrere muslimische Länder in Aufruhr. Was für eine widerwärtige Figur! Sein ehemaliger Partner Smotrich, der an einem Treffen der OECD-Finanzminister in Paris teilnehmen sollte, ist nicht in der Lage, irgendein Treffen zu vereinbaren, weder im französischen Finanzministerium noch mit Vertretern der Stadt Paris. Man kann sich fragen, in welcher Sprache er sprechen wird, wenn er auf der Generalversammlung den Mund aufmacht. Diese beiden Clowns kommunizieren wegen des Haushalts nicht mehr miteinander. Ben-Gvir wirft Smotrich vor, den Minister für den Negev und Galiläa, Jitzhak Wasserlauf von der Jüdischen Stärke, zu diskriminieren, dem er nur einen Bruchteil dessen zugestanden hat, was in den Koalitionsverhandlungen vereinbart worden war, während er der Ministerin Orit Strook, die seiner eigenen Partei Religiöser Zionismus angehört, riesige Summen zugewiesen hat, die weit über das hinausgehen, was ihr neues Ministerium tatsächlich ausgeben kann.

Alle Augen richten sich auf die kommenden drei Tage der Haushaltsberatungen und die morgen beginnenden Abstimmungen. Sollte bis Ende der Woche keine Lösung gefunden werden, wird der Koalition am Montag, dem 28. Mai, ein letzter Tag eingeräumt. Das Komische an dieser dramatischen Situation ist die Tatsache, dass die Koalitionspartner nicht an Netanjahus Versprechen einer künftigen Kompensation glauben, weil sie wissen, dass er seine Versprechen schlicht nicht einhält.

22. Mai 2023

In einer Rede in Herzlia deutete Gantz gestern einen möglichen Kompromiss an, der sich als Ergebnis der laufenden Verhandlungen im Haus des Präsidenten abzeichnet. Die Koalition will ihn nicht vor der Haushaltsabstimmung bekannt geben.

In einem Gespräch zwischen Netanjahu und dem Minister des Vereinigten Tora-Judentums, dem ultraorthodoxen Yitzhak Goldknopf, wurde eine Einigung erzielt: Die Partei werde den von ihr gewünschten Betrag am Ende des Jahres aus Überschüssen im Gesamthaushalt bekommen. Was ist aus dem allgemein bekannten Wissen um Netanjahus mangelnde Glaubwürdigkeit geworden? Entweder gab es zusätzliche, nicht veröffentlichte Bestandteile der Vereinbarung, oder die Ultras haben beschlossen, ihre Forderungen zurückzuschrauben.

Netanjahu hat Ben-Gvir weitere 250 Millionen NIS für das Ministerium für den Negev und Galiläa versprochen, und der böse Clown wird für den Haushalt stimmen. Die Krise ist vorbei.

Mit dem Ende der Haushaltskrise und einem möglichen Kompromiss bei der Justizreform wird die Regierungskoalition noch eine Weile weitersegeln, und wir können uns von den Hoffnungen verabschieden, die die

Massendemonstrationen geweckt haben. Israel wird in den nächsten Jahren ärmer sein, und seine pulsierende Wirtschaft wird der Vergangenheit angehören; das Bildungsniveau wird sinken; einige seiner Technologieexperten werden das Land verlassen, ebenso wie einige seiner beeindruckendsten High-Tech-Unternehmen; und Teile des kulturellen Lebens werden in den Untergrund (Samisdat) abwandern müssen.

Das ist freilich nicht das Schlimmste an der Sache. Der religiöse Einfluss wird das Leben und die Freizeitgestaltung stark beeinträchtigen: Der öffentliche Verkehr wird am Schabbat eingeschränkt oder möglicherweise ganz eingestellt, und wer weiß, was sonst noch alles verboten sein wird. Den Tech-Fachleuten, die das Land verlassen werden, wird ein Teil der wissenschaftlichen und künstlerischen Elite folgen, einige der besten Mediziner und ganz allgemein diejenigen, die außerhalb des Landes ein besseres Leben finden können.

Wenn sich dieser Trend bei den nächsten Wahlen nicht umkehrt, wenn diese nationalistische und aggressive politische Allianz an der Macht bleibt, wird man sich bald die Frage stellen müssen, wer das Land verteidigen wird. Die Ultraorthodoxen werden alles tun, um den Dienst in der Armee zu vermeiden; die Frage ist, ob der säkulare und liberale Teil der Bevölkerung in einem Land, das zunehmend von den Ultrareligiösen dominiert wird, sehr begeistert davon sein wird, diese schwere Last auf Dauer allein zu tragen.

24. Mai 2023

Heute morgen, wenige Stunden nach der Verabschiedung des Haushalts, erklärte Netanjahu, dass der Umbau des Justizwesens erneut in Betracht gezogen werden könne. Kurze Zeit später erklärte er, er glaube, dass ein Kompromiss möglich sei. Was sollen wir daraus schließen? Sind die Kompromissverhandlungen endgültig beendet? Oder ist die erste Erklärung nur ein weiteres Manöver, um eine Spaltung innerhalb des Likud zu vermeiden? Es wird nicht lange dauern, das herauszufinden.

Lassen Sie mich auf die Dystopie zurückkommen, die ich für den Fall skizziert habe, dass die derzeitige Koalition an der Macht bleibt. Ich habe einige der offensichtlichen sozialen Probleme benannt, mit denen das Land wahrscheinlich konfrontiert sein würde, aber was ist mit dem politischen Kernproblem, das im Mittelpunkt der Debatte steht, der Frage von Regimewechsel oder demokratischer Herrschaft?

Bevor die Kompromissverhandlungen begannen, tobte die Debatte über den Versuch der Koalition, die Richter des Obersten Gerichtshofs nach einer Methode zu ernennen, die sicherstellen würde, dass die Mehrheit des Nominierungsausschusses politisch ist (d. h. dass die anstehende Ernennung des nächsten Obersten Richters, der die im Herbst in den Ruhestand tretende Präsidentin Esther Chayut ersetzt, und die eines anderen Richters durch die derzeitige Koalition sichergestellt ist). Dies würde garantieren, dass der nächste Oberste Gerichtshof bereit wäre, Netanjahu zu entlasten und insgesamt ein

System von Richterernennungen und Gesetzen zu akzeptieren, das die Unabhängigkeit der Justiz drastisch einschränken würde. Abgesehen von ihrem unmittelbaren politischen Ziel wollten die Befürworter der Reform die vermeintliche «Klüngel»-Praxis der aschkenasischen Richter ändern, die aschkenasische Kollegen in den Obersten Gerichtshof «adoptieren», so dass jede Nominierung eines «marokkanischen» Richters ausgeschlossen wäre.

Die Befürworter der Justizreform haben die Vereinigten Staaten als Beispiel für eine Demokratie angeführt, in der die Richter auf politischer Basis ernannt werden. Dabei wird vergessen, dass der Supreme Court der USA seine Entscheidungen im Einklang mit einer sehr ausgefeilten Verfassung trifft, die er zwar auslegen, aber nicht ändern kann (diese Befugnis liegt bei der Legislative).

25. Mai 2023

Die Einwanderer aus Deutschland in den 1930er und 1940er Jahren wurden von der damaligen großen Mehrheit der jüdischen Einwohner von Eretz Israel, die polnischer oder russischer Herkunft waren, oft belächelt. In den Augen der Einheimischen waren sie seltsam steif und hatten eigenartige (höfliche) Manieren. Am Anfang mussten viele von ihnen Arbeit finden, wo immer sie konnten, zum Beispiel auf Baustellen. Wenn man sich einer solchen Baustelle näherte, glaubte man, das seltsame Geräusch einer Dampfmaschine zu hören: «Bitteschön, Herr Doktor, dankeschön, Herr Doktor» … Tatsächlich bildeten diese «Jekes» von Anfang an die geistige Elite des Landes. Unter anderem bauten sie die jüdische Justizbürokratie im Rahmen der britischen Mandatsregierung auf und schufen nach der Gründung des Staates eine hervorragende Justiz und einen Obersten Gerichtshof. Nach 1948 wurden viele Spitzenkräfte des juristischen Establishments ebenfalls von diesem engen Personenkreis ausgebildet und dann dazu auserkoren, die höchsten Positionen im israelischen System zu besetzen. Sie waren in der Regel hoch angesehen, und in den darauf folgenden Jahren wurden keine beruflichen Einwände gegen sie erhoben. Hätte die Auswahl zu gegebener Zeit anders ausfallen können, als potenzielle «marokkanische» Kandidaten volljährig wurden? Das kann ich nicht sagen. Jetzt könnte der Kampf um die Besetzung des Obersten Gerichtshofs wieder beginnen, und hinter den politischen und rechtlichen Argumenten werden wieder die ethnischen Argumente lauern.

Ich selbst bin rein zufällig mit dem Randbereich des Rechtssystems in Berührung gekommen. Als ich im Juni 1950 das Gymnasium in Netanja abschloss, hatte ich nur noch wenige Monate bis zu meinem Armeedienst und musste bis dahin irgendetwas arbeiten. Für junge Leute wie mich gab es Jobs mit reduziertem Gehalt, und einer davon war der eines Botenjungen im Büro des Rechtsberaters des Außenministeriums, damals noch in Tel Aviv. Dieser Rechtsberater war ein Jurist namens Shabtai Rosenne, ein in London geborener Jude. Sein Stellvertreter war Amerikaner, sein junger Assistent stammte aus Kanada. Die Chefsekretärin war deutscher Herkunft und ihre Assistentin war Misrachit, aber ich weiß nicht mehr, aus welchem Land. Das vermittelt einen Eindruck von der Nationalitätenvielfalt in einem kleinen Regierungsbüro in den Anfangsjahren des Staates Israel. Wir arbeiteten alle gut zusammen und machten sogar einen Ausflug nach Jerusalem – zum Obersten Gerichtshof –, wo die Chefsekretärin einen der Richter kannte. Er lud uns zu einer Gerichtssitzung ein. Das war es dann auch mit meinen Erfahrungen mit der Justiz, aber das ist nicht der Grund, warum ich diese Geschichte erzähle.

Ich traf Rosenne wieder, als er zum Botschafter bei den Vereinten Nationen in Genf ernannt wurde und ich dort Anfang der 1970er Jahre am Graduate Institute of International Studies lehrte. Wir freundeten uns an, und ich diskutierte mit ihm über das Völkerrecht – natürlich nicht über dessen theoretische Aspekte, sondern über die vielfältigen Auslegungen dieses oder jenes Ereignisses, mit dem er es zu tun hatte, insbesondere bei seinen Auseinandersetzungen mit der UN-Menschenrechtskommission. Zu diesem Zeitpunkt war meine Einstellung zur Palästinenserfrage wahrscheinlich links von seiner, aber er musste ohnehin eine offizielle Position verteidigen. Das hat mich gelehrt, dass das Recht nicht nur aus dem Gesetzestext besteht, sondern auch aus seiner Auslegung. Und um auf unsere aktuelle Situation zurückzukommen: Wie auch immer die Ergebnisse der Kompromissverhandlungen in unserem Fall aussehen mögen, so hängen sie vermutlich von der Interpretation ab, die ihnen von einer politischen Mehrheit gegeben wird.

Der Iran hat eine ballistische Rakete präsentiert, die Israel erreichen könnte.

26. Mai 2023

Gestern stellte US-Präsident Biden eine nationale Strategie zur Bekämpfung des wachsenden Antisemitismus in den Vereinigten Staaten vor. Das ist nichts Neues, außer dass ein solches Programm, so gut es auch gemeint sein mag, wenig gegen einen millenarischen Hass wie den Antisemitismus ausrichten wird.

Mein Kriterium des «Hasses» zur Identifizierung von Antisemitismus ist viel zu grob. Verschiedene Grade von Antipathie oder Feindseligkeit gegenüber Juden können zu antisemitischem Gegeifere führen; zu bestimmen, wo genau die Grenze zwischen objektiver Kritik an Juden oder Israel und Antisemitismus zu ziehen ist, kann eine heikle Sache sein. Aus Unentschlossenheit über die Art der antijüdischen Kritik zu schweigen ist noch heikler. Siehe in diesen Tagen den Fall von Roger Waters' jüngstem Auftritt in Berlin.

Jill Biden wird bei ihrem Besuch im Nahen Osten Jordanien und Ägypten besuchen, Israel aber auslassen.

27. Mai 2023

Es vergeht kein Tag, an dem nicht ein Mitglied der Koalition mit einer Provokation daherkommt. Jetzt hat der Knessetabgeordnete Kellner vom Likud ein Gesetz vorgeschlagen, das alle ausländischen Spenden an humanitäre palästinensische Einrichtungen mit hohen Steuern belegen würde. Das hat sofort zu scharfen Protesten aus den

USA und allen großen westeuropäischen Ländern geführt. Netanjahu hat für morgen eine interne Sitzung anberaumt.

Das Gesetz über die palästinensischen Einrichtungen wird aufgrund der internationalen Proteste vorerst unter Verschluss bleiben.

Einundzwanzigster Samstag mit Demonstrationen als Reaktion auf Netanjahus Ankündigung nach der Haushaltsabstimmung, dass die Justizreform nun wieder aufgenommen wird. Etwa 80 000 Demonstranten in Tel Aviv, Zehntausende im ganzen Land.

28. Mai 2023

Heute wurde eine Reihe von neu freigegebenen Dokumenten aus dem Jom-Kippur-Krieg veröffentlicht. Das aufsehenerregendste (wenn auch wohlbekannte) Dokument war Joel Ben-Porats detaillierter Bericht darüber, wie er zwei Tage vor dem Krieg Warnungen «aus erster Hand» übermittelte, dass «ein Krieg unmittelbar bevorstehe», Warnungen, die an den Leiter des Nachrichtendiensts und den Chef des Mossad geschickt und weder an die politische Ebene – Premierministerin Golda Meir und Verteidigungsminister Mosche Dajan – noch an den Generalstabschef David Elazar weitergeleitet wurden.

Ich kannte Ben-Porat aus der Zeit, als wir in den 1950er Jahren in derselben Nachrichteneinheit dienten, in der er dann bis 1973 eine Führungsposition innehatte. Nach dem Krieg besuchte er mich mehrfach in Jerusalem und erzählte mir von seinen Warnungen, allerdings nicht von seiner «Quelle», dem Ägypter Ashraf Marwan, Nassers

Schwiegersohn. Marwan könnte übrigens ein Doppelspion gewesen sein; jedenfalls stürzte er viele Jahre später vom Balkon seiner Wohnung im siebten Stock in London ... Unverständlich bleibt die Weigerung des Nachrichtendienstchefs Eli Zeira, diese Warnungen ernst zu nehmen und sie zumindest dem Generalstabschef zu übermitteln. Ben-Porat ist 2010 gestorben.

Ich weiß nicht, warum daraus eine Sensation wurde, denn all das war seit vielen Jahren bekannt. Könnte es eine Warnung vor einem ähnlichen Mangel an Wachsamkeit sein?

Avi Maoz, der Erzfeind der LGBTQ+-Gemeinschaft, ist zurück in seiner alten Position als eine Art Inspekteur und Aufseher von Bildungsprogrammen, der gegen seine Feinde kämpft und auch die Stärkung des Judentums in der Bildung überwacht – dank Netanjahu, der dafür gesorgt hat, dass er einige finanzielle Zuwendungen erhält. Kurzum, die gesamte Koalition ist zurück. Nur die Reform des Justizwesens liegt noch auf Eis. Für wie lange?

29. Mai 2023

Wir sind kurz davor, das Ergebnis der Gespräche in der Residenz des Präsidenten zu erfahren. Netanjahu hat erklärt, dass die Justizreform nicht tot ist, sondern dass er an einen Konsens glaubt. Gantz hat klargemacht, dass alle Augen offen sein werden, um nach einer versteckten Klausel zu suchen.

Die Koalition hat die Siedlung Homesch, die, so das Versprechen des Regierung, unbewohnt bleiben sollte, in eine religiöse Schule umgewandelt. Die Amerikaner haben Einspruch dagegen erhoben; es scheint nicht zu helfen.

30. Mai 2023

Ich verstehe nicht genau, was die Generalstaatsanwältin im Zusammenhang mit dem Prozess gegen Netanjahu abgelehnt hat, aber es scheint das Verfahren für den Ministerpräsidenten noch bedrohlicher zu machen. Es könnte ihn noch stärker dazu drängen, die Justizreform durch die Knesset zu bringen.

Der 14. Juni wurde als Deadline für die Verhandlungen in der Residenz des Präsidenten festgelegt. In der Zwischenzeit scheinen sich die Vertreter der Opposition auf einen Repräsentanten zu einigen, der ihr Delegierter im Knesset-Ausschuss für die Wahl der Richter sein wird.

31. Mai 2023

Die schicksalhaften Verhandlungen am Amtssitz des Präsidenten gewinnen mit jedem Tag an Intensität. Im Mittelpunkt steht der Richterwahlausschuss der Knesset, da Justizminister Levin damit droht, den Ausschuss nicht einzuberufen, wenn er seinen Willen nicht durchsetzen kann (der Termin für die Einberufung des Ausschusses ist der 14. Juni, weshalb dieser Termin auch als Deadline für einen Kompromiss in der Präsidentenresidenz gewählt wurde).

Morgen findet in Jerusalem unter starkem Polizeischutz der jährliche LGBTQ+-Marsch statt. Ben-Gvir plant, vor Ort zu sein, wobei unklar ist, warum. Der Urenkel von Rabbi Ovadja Josef (dem verstorbenen sephardischen Oberrabbiner Israels und Gründer von Schas) wird an dem Marsch teilnehmen; er ist Rabbiner und Erzieher. Das Land braucht mehr Menschen wie ihn.

JUNI 2023

1. Juni 2023

Tausende ziehen in Jerusalem durch die Straßen. Der amerikanische Botschafter hat den Marsch eröffnet, und Lapid hat eine Rede gehalten. Keine nennenswerten Zwischenfälle. Einige Straßen weiter findet eine Gegendemonstration statt. Der Polizei gelang es, beide Gruppen voneinander zu trennen.

Tatsächlich ist die israelische Gesellschaft seit den ersten Tagen der Einwanderung aus ideologischen, ethnischen, religiösen und praktisch allen anderen möglichen Gründen in eine ganze Reihe von feindlichen Segmenten gespalten. Doch das Gefühl, als Juden und Objekt ständiger Feindseligkeit und dann als Ziel aufeinanderfolgender Aggressionen, Kriege und ständiger Terroranschläge ein gemeinsames Schicksal zu teilen, schuf ein Gemeinschaftsempfinden, das stärker war als alle Spaltungen. Ich frage mich, ob die gegenwärtigen Meinungsverschiedenheiten im Falle eines erneuten Krieges verschwinden würden, der wahrscheinlich mehr Leben und Zerstörung kosten würde als die vorherigen. Israels Feinde rechnen möglicherweise mit einem tieferen Bruch als je zuvor innerhalb der nationalen Gemeinschaft, den kein Angriff heilen könnte und der die Fähigkeit Israels, sich so wirkungsvoll wie in der Vergangenheit zu verteidigen, beeinträchtigen würde. Könnten sie damit Recht haben?

In ähnlicher Weise ist in den Nachrichten immer häufiger von der wachsenden Gefahr die Rede, dass der Iran in den Besitz einer Atombombe gelangt, was zu einem israelischen Angriff auf die Nuklearanlagen des Schiitenstaates führen könnte, mit oder ohne amerikanische Hilfe. Das wäre die gefährlichste und komplexeste Operation, die Israel je unternommen hat. In der gegenwärtigen Atmosphäre ist völlig unklar, ob der jüdische Staat irgendwelche Hilfe von außen bekommen würde.

US-Außenminister Blinken, der sich in der Region aufhält und bis heute morgen Israel besuchen wollte, sagte seinen Besuch ab. Seltsam, aber ein weiteres Signal des amerikanischen Unmuts über die israelische Politik.

2. Juni 2023

Ich habe nie viel von Hugh Trevor-Roper als Historiker gehalten. Für die meisten Menschen erreichte er seinen akademischen Tiefpunkt, als er 1983 die Echtheit von Hitlers gefälschten Tagebüchern bestätigte.

Für mich erreichte er diesen Tiefpunkt schon viel früher, nämlich als er seine *New York Times*-Buchbesprechung von Arthur Hertzbergs 1968 erschienenem Buch *The French Enlightenment and the Jews. The Origins of Mo-*

dern Anti-Semitism, das die Wurzeln des Antisemitismus in den Ideen der Aufklärung (vor allem Voltaires Antisemitismus) sah, mit der nicht ganz so rhetorischen Frage eröffnete: Was, wenn die Juden für den Hass, den sie hervorrufen, verantwortlich wären? Die Juden mögen für vieles mitverantwortlich sein, aber sie für die Feindseligkeit, die sie provozieren, verantwortlich zu machen, war ein bisschen zu viel, vor allem 25 Jahre nach Hitler. Ich beschäftige mich deshalb ausführlicher damit, weil man nicht selten Meinungen hört, wonach die Juden für die von ihnen verursachte Gewalt verantwortlich sind, insbesondere in Israel. Was die Folgen der Besatzung betrifft, stimme ich zu, aber das ist das Äußerste, was wir liberalen Israelis zuzugestehen bereit sind. Die palästinensische Gewalt zielt heute auf die Existenz Israels selbst ab, und das kann natürlich niemand von uns akzeptieren. Und darüber hinaus kommt der klassische Antisemitismus wieder zum Vorschein: siehe Elon Musk und das, was er gegen Soros sagt, und so weiter und so fort.

Eigentlich habe ich mit diesem Gedankengang begonnen, nachdem ich über die Möglichkeit eines israelischen Angriffs auf den Iran geschrieben hatte. Ich erinnere mich an eine alte Diskussion aus den späten 1960er oder frühen 1970er Jahren, in der ein französischer Autor argumentierte, dass Israel den Krieg brauche, um sich unbewusst gegen die zentrifugalen Kräfte zu wehren, die das nationale Gefüge zu zerreißen drohten. Das war eine kluge Idee, aber ich würde sie heute nicht mehr unterstützen.

Levin droht damit, den Richterwahlausschuss der Knesset nicht einzuberufen; die Orthodoxen fordern die sofortige Verabschiedung eines Gesetzes, das Jeschiwot-

Studenten die Befreiung von Militärdienst erlaubt; die Amerikaner haben die Verhandlungen mit dem Iran zur Wiederherstellung des Abkommens über die Begrenzung der nuklearen Ambitionen des Ajatollah wieder aufgenommen. Der Vertrag beunruhigt Israel sehr, das nicht an die friedlichen Absichten Irans glaubt. Außerdem sind die USA überhaupt nicht erfreut über die Einrichtung einer religiösen Schule in Homesch, obwohl Israel versprochen hat, den Ort unbewohnt zu lassen. Es scheint, dass sich die Beziehungen zu den USA immer weiter verschlechtern. Kurzum, Netanjahu muss sich mehr oder weniger gleichzeitig um einige Dinge kümmern.

3. Juni 2023

In der Nähe der israelischen Südgrenze werden drei Soldaten von einem ägyptischen Infiltrator getötet.

Zehntausende Demonstranten in Tel Aviv und im ganzen Land während der 22. Woche.

4. Juni 2023

Sie kennen vielleicht den alten Witz über einen Juden, der Schiffbruch erleidet und auf einer einsamen Insel Zuflucht findet. Als er entdeckt wird, sind seine Retter erstaunt, dass er zwei Synagogen gebaut hat. «Warum zwei?», fragen sie ihn. «Eine ist für mich», antwortet er, «und in die andere würde ich nie einen Fuß setzen.»

Vom Amüsanten zum Tragischen ... Bei der Vorbereitung des Aufstands waren die noch verbliebenen Bewohner des Warschauer Ghettos und ihre kämpfenden Einheiten bis zum Schluss in drei politische Gruppen geteilt: Sozialisten, Bundisten und Betar. Die ersten beiden Gruppen waren nie bereit, mit der dritten Gruppe zusammenzuarbeiten, und auch untereinander kooperierten sie kaum. Die Überlebenden sorgten dafür, dass sie unterschiedliche Geschichten schrieben, und versuchten, alle Anerkennung auf die eigene Gruppe zu lenken. Das verheißt nichts Gutes für die erhoffte Wiedervereinigung der beiden Teile der Gesellschaft, die im heutigen Israel gegeneinander kämpfen, im Falle einer Gefahr von außen. Doch wie kann man sich mit Feinden der Demokratie und Anhängern des religiösen Fanatismus arrangieren?

Als Reaktion auf Levins Ankündigung, den Ausschuss zur Ernennung von Richtern nicht einzuberufen, erklärte Lapid, seine Partei werde keinem Gesetz zustimmen, auf das man sich bei den Kompromissverhandlungen geeinigt habe, bevor nicht der Ausschuss erneut einberufen wird.

5. Juni 2023

Sehr eindringliche Rede von Blinken gegen den Ausbau israelischer Siedlungen und die Zerstörung palästinensischer Häuser bei einem Treffen des AIPAC (American Israel Public Affairs Committee), einer pro-israelischen Lobbygruppe. Aber die Reden der amerikanischen Regierung helfen in der gegenwärtigen Situation nicht weiter. Eine Zwei-Staaten-Lösung ist nach wie vor offizielle amerikanische Politik; sie ist das einzig vernünftige Ziel, rückt aber in immer weitere Ferne.

Heute wird der Likud darüber abstimmen, ob er der Opposition die Möglichkeit geben wird, einen ihrer Kandidaten für den Richterwahlausschuss zu nominieren. Wenn Netanjahu bei den Verhandlungen in der Residenz des Präsidenten einen Kompromiss erreichen will, wird er dafür sorgen, dass die Abstimmung des Likud in die richtige Richtung geht.

6. Juni 2023

Levin stimmt zu, dass die Koalition nur einen Vertreter im Richterwahlausschuss haben wird. War dies das Ergebnis eines «Stupsers» von Netanjahu?

Gestern erklärte sich Netanjahu bereit, den Vorsitz eines Ausschusses zu übernehmen, der sich mit der Kriminalität innerhalb der arabischen Gemeinschaft Israels befassen soll. Seit Anfang des Jahres sind etwa 90 Mordfälle registriert worden. Die Polizei ist, wenn sie überhaupt eingreift, völlig überfordert. Es scheint das «Werk» von vier großen Banden zu sein. Wenn sie so bekannt sind, warum wurde dann keiner ihrer Chefs verhaftet? Weil sie Araber sind? Weil, wie Polizeichef Schabtai einmal gegenüber Ben-Gvir sagte, «sie es gewohnt sind, sich gegenseitig umzubringen»? Wie ich bereits erwähnt habe, galten die Araber von Anfang an als Bürger zweiter Klasse. In der Zwischenzeit hat sich viel geändert: Sie studieren an Universitäten, sie arbeiten in allen Bereichen des Lebens, sie haben vier Parteien in der Knesset, sie zählen jetzt etwa zwei Millionen Menschen. Es gibt sogar Mischehen mit israelischen Juden, und dennoch hegen sie einen nicht ganz so versteckten Groll gegen die jüdische Gemeinschaft, obwohl sie offenbar lieber in Israel leben als eventuelle Bürger eines hypothetischen palästinensischen Staates zu sein. Eine komplizierte Situation, um es vorsichtig auszudrücken.

7. Juni 2023

Heute hat Levin in einer aggressiven Rede vor der Knesset angedeutet, dass er den Ausschuss für die Richterwahl nicht einberufen wird. Wie lange willst du unsere Geduld noch strapazieren, Levin? Aber es könnte sein Abgesang sein. Politische Beobachter interpretieren Levins Weigerung, den Ausschuss einzuberufen, als Folge des Drucks von Netanjahu, die gesamte Justizreform zu beerdigen. Am 14. Juni werden wir mehr wissen, wenn die Knesset über die Zusammensetzung des Ausschusses abstimmen muss: Bleibt es bei einem Kandidaten aus der Koalition und einem aus der Opposition, wie bisher üblich, dann ist Levins Reform tot.

Während ich dies schreibe, lese ich zufällig Ulrich A. Boschwitz' Roman *Der Reisende* über die Leiden eines Juden in der deutschen Gesellschaft während und nach der «Kristallnacht». Das Buch ist erstaunlich fesselnd, selbst für jemanden, dessen Lebenswerk darin besteht, diese Ereignisse und das, was darüber hinaus geschehen ist, zu erforschen und darüber zu schreiben. Wenn ich in diesen Tagen über die Vorkriegsjahre des Nationalsozialismus nachdenke, erschrecke ich zwangsläufig über die Belanglosigkeit unserer aktuellen Debatten und über die Blindheit und Ignoranz eines Teils der heutigen Generation von Israelis gegenüber den Folgen, die es hat, wenn das unabhängige Rechtssystem eines Landes in einer Atmosphäre politischer Aggression und ideologischen Fanatismus beseitigt wird.

Wobei Belanglosigkeit nicht das richtige Wort ist. Natürlich ist jede politische Debatte belanglos, wenn man sie mit den Fragen von Leben und Tod vergleicht, mit denen die Juden während der NS-Jahre konfrontiert waren, aber der Kampf für die Demokratie ist gewiss nicht belanglos, und der Kampf für eine Gesellschaft, die sich weigert, sich religiöser Vorherrschaft zu unterwerfen, ist alles andere als belanglos. Egal, welches Wort man wählt, die Idee sollte hoffentlich klar sein.

8. Juni 2023

Fünf Tote in der arabischen Gemeinde in der Nähe von Nazareth, offenbar bei Auseinandersetzungen zwischen kriminellen Banden. Ein weiteres arabisches Opfer anderswo. Das ist ein völliger Kontrollverlust und ein Skandal. Es zeigt die totale Inkompetenz oder, schlimmer noch, die totale Gleichgültigkeit der Polizei und des Ministers für innere Sicherheit. Netanjahu möchte, dass der Schin Bet eingreift, aber die Organisation ist dagegen, da dies ihre Kampagne gegen Terroranschläge schwächen und möglicherweise einige ihrer operativen Strategien offenlegen würde.

Netanjahu hat Blinken wissen lassen, dass ein Atomabkommen zwischen den USA und dem Iran die Handlungsfreiheit Israels in keiner Weise einschränken würde.

9. Juni 2023

In einem Interview mit Sky News äußerte Netanjahu Zweifel an der Möglichkeit, bei den Verhandlungen in der Residenz des Präsidenten eine Einigung zu erzielen, da die Justizreform von den politischen Ansichten eines der beiden gegensätzlichen, aber gleichberechtigten Teile der Bevölkerung getragen sei. Die wirtschaftlichen Folgen einer eventuellen politischen Pattsituation redete er klein, wohingegen er enthusiastisch die Möglichkeit einer Einigung mit Saudi-Arabien beschwor.

Nach der Welle von Morden in der arabischen Gemeinschaft sind sich die Kommentatoren einig, dass als Konsequenz daraus Ben-Gvir entlassen werden sollte. Wie üblich gibt er der Polizei und insbesondere ihrem Chef Schabtai die Schuld: «Anstatt seine Zeit mit der Ernennung von Freunden zu verbringen, sollte er sich lieber mit der Kriminalität befassen.» Ben-Gvir wird nicht entlassen werden, denn dies würde das Ende der Koalition bedeuten, aber weitgehend begegnet man ihm mit Misstrauen und Verachtung.

Nach den Umfrageergebnissen, die von Channel 13 in den Abendnachrichten ausgestrahlt wurden, liegt Gantz bei allen wichtigen Positionen (Premierminister, Verteidigungsminister usw.) vor Netanjahu. Auch Lapid schneidet mitunter besser ab als Netanjahu.

10. Juni 2023

Für einen Teil der israelischen Wählerschaft ist die derzeitige Koalition ein wahres Geschenk des Himmels, das es so weit wie möglich auszuschöpfen gilt, um alle potenziellen Vorteile zu nutzen. Sie werden nicht so leicht loslassen. Für den anderen Teil, der offenbar die Mehrheit stellt, ist sie das Ergebnis schmutziger Tricks, die Netanjahu zum Einsatz gebracht hat, um seinen Anklagen zu entgehen.

Wenn er sich nur retten kann, zählt nichts anderes, und die Welt darf gerne untergehen (*pereat mundus*). Genauer gesagt: Wenn er nicht gegen den verrückten Levin und dessen rasante Justizreform einschreitet, wird Israel, das Land, das wir kannten, verschwinden, und er weiß das.

Heute fanden in der 23. Woche im ganzen Land Demonstrationen gegen den Umbau der Justiz statt. Der ehemalige Generalstabschef und Premierminister Ehud Barak rief zum zivilen Ungehorsam auf.

Das 102. Mordopfer innerhalb der arabischen Gemeinschaft Israels in den letzten fünf Monaten.

11. Juni 2023

Die Ruhe vor dem Sturm.

12. Juni 2023

Zwei Tage noch bis zur entscheidenden Abstimmung in der Knesset über die Kandidaten für den Richterwahlausschuss. Gantz erklärt erneut die Bereitschaft seiner Partei zu einer Verständigung, wenn die vereinbarten Grundsätze eingehalten werden, während von Lapid bislang noch keine öffentliche Erklärung zu hören war. Mittwoch, der 14. Juni, ist in der Tat ein entscheidendes Datum, das zeigen wird, in welche Richtung sich Israel in den nächsten vier Jahren bewegen wird. Wenn die Justizreform weitergeht, könnte es schwierig werden, sie rückgängig zu machen, selbst unter einer liberalen Koalition.

Tatsächlich war Lapid, der formelle Chef der Opposition, heute schwer beschäftigt, da er im Korruptionsprozess gegen Netanjahu in den Zeugenstand treten musste.

13. Juni 2023

Warten auf die morgige Abstimmung. Innerhalb des Likud gibt es eine Spaltung zwischen der liberalen Rechten und den Fanatikern. Letztendlich wird Netanjahu entscheiden, und die Partei wird ihm folgen müssen.

Manchmal fühle ich mich wie «der Mann vom Lande», der in der Geschichte aus Kafkas *Der Prozeß* an die Pforte des Gesetzes kommt. Es ist nicht so, dass ich nicht hineingehen könnte, aber die Anzahl der Gesetze, die auf die Auswahl der Kandidaten für den Richterwahlausschuss folgen werden, ist (zumindest für mich) so rätselhaft, dass ich nicht ganz begreifen kann, was letztendlich von der Reform übrig bleiben wird und was bei den Verhandlungen am Amtssitz des Präsidenten möglicherweise in Frage gestellt wird.

Ungeachtet des Widerstands der USA treibt Israel den Bau von 4500 Wohneinheiten im Westjordanland voran. Dennoch wird sich Herzog wahrscheinlich nächsten Monat mit Biden in Washington treffen.

14. Juni 2023

Drama in der Knesset. Die geheimen Wahlen für den Richterwahlausschuss haben stattgefunden, aber weil einer der potenziellen Kandidaten der Koalition sich weigerte, seine Bewerbung zurückzuziehen, wie es zuvor vereinbart worden war, hofft die Koalition nun, dass keiner der Kandidaten gewählt wird, und fordert, dass in einem Monat noch einmal neu gewählt werden soll. Die Opposition ist wütend, hält dies für einen Trick und droht, die Verhandlungen über einen Kompromiss zu beenden.

Noch mehr Drama! Der Kandidat der Opposition wurde mit 58 gegen 56 Stimmen gewählt, was bedeutet, dass vier Mitglieder der Koalition gegen die eigene Seite und damit gegen Netanjahu gestimmt haben. Vielleicht hat sich Netanjahu, der Supertrickser, dieses Ergebnis aber auch insgeheim gewünscht ...

Der Schekel, der nach der anfänglichen Unentschlossenheit in der Knesset deutlich an Wert verloren hat, hat nach der Schlussabstimmung alle seine Verluste wieder wettgemacht. Das sagt viel darüber aus, was sich die Wirtschaft wünscht.

Das Problem ist, dass der Ausschuss ohne einen zweiten Kandidaten nicht tagen kann und daher erst in einem Monat zusammentreten wird. Gantz erklärt die Verhandlungen über einen Kompromiss bis auf Weiteres für ausgesetzt.

15. Juni 2023

Nahum Barnea, ein führender politischer Kommentator, erzählt die alte Geschichte vom Frosch und vom Skorpion, die an einen Fluss kommen, den sie beide überqueren wollen. «Lass mich auf deinen Rücken steigen», schlägt der Skorpion dem Frosch vor, «und du wirst mit uns beiden hinüberschwimmen.» «Aber du wirst mich stechen», antwortet der Frosch. «Warum sollte ich das tun», fragt der Skorpion, «denn dann würden wir doch beide sterben?» Der Frosch lässt sich überzeugen, und sie machen sich auf den Weg. Auf halber Strecke über den Fluss sticht der Skorpion den Frosch. «Warum hast du das getan?», fragt der sterbende Frosch. «Das ist nun mal meine Natur», antwortet der sterbende Skorpion.

Diese Geschichte hörte ich zum ersten Mal 1961 von einem bald darauf enttarnten sowjetischen Spion, Israel Bar, über Mosche Dajan, den er verabscheute (hauptsächlich, weil Dajan ihn verdächtigte). Heute wird sie über Bibi erzählt, der offenbar nicht anders kann, als irgendwelche Tricks anzuwenden, selbst wenn seine Pläne zu einer herben Niederlage führen. Macht nichts: Neue Tricks sind schon unterwegs.

Offenbar werden dreißig Prozent der Gelder für die religiöse Schule in der Siedlung Homesch, gegen die die USA protestiert haben, vom Bildungsministerium bezahlt.

16. Juni 2023

Wenn es nach der Koalition geht, werden die Verhandlungen beim Präsidenten nicht wieder aufgenommen; der Plan ist nun, für die Gesetze zu stimmen, auf die man sich geeinigt hat (und die die Opposition nicht als solche betrachtet). Offensichtlich verbirgt sich dahinter eine andere, noch hinterhältigere Absicht.

Derweil geht es für den Likud in Umfragen nach unten. Laut einer gestern von Channel 13 News veröffentlichten Erhebung würde die Koalition im Falle von Neuwahlen 50 Sitze erhalten, die Opposition 60 Sitze, und 9 Sitze würden unbestimmt bleiben (arabische Stimmen). Ein ziemlicher Absturz für Netanjahu.

17. Juni 2023

Vierundzwanzigste Woche der Proteste. Zehntausende Demonstranten in Tel Aviv und Zehntausende weitere im ganzen Land.

18. Juni 2023

Heute kündigte Netanjahu an, dass aktive Schritte unternommen würden, um die Justizreform wieder in Gang zu bringen, nachdem er wochenlang die ergebnislos gebliebenen Verhandlungen in der Residenz des Präsidenten abgewartet habe. Wenn man ihm ausnahmsweise Glauben schenken kann, bedeutet dies, dass die Krise wieder mit voller Wucht zurück ist.

In der gegenwärtigen Situation zählt jede Stimme innerhalb des Richterwahlausschusses. In zwei Tagen finden die Wahlen zur nationalen Anwaltskammer statt, die im Prinzip zwei Delegierte im Knesset-Ausschuss hat. Wenn es dem Likud gelingt, seine Kandidaten durchzubringen …

19. Juni 2023

Staatspräsident Herzog dementiert die Behauptung der Koalition, man habe sich auf mehrere wichtige Punkte geeinigt, über die nun in der Knesset debattiert und abgestimmt werden könne, unter anderem auf das «Plausibilitätsargument». Dieses erlaubt es dem Obersten Gerichtshof unter anderem, eine Regierungsentscheidung aufzuheben, weil sie in seinen Augen nicht angemessen ist. So wurde die Ernennung von Deri zum Minister für nichtig erklärt, da nicht wirklich nachzuvollziehen war, dass jemand, der sich eines Verbrechens schuldig gemacht hat, Minister werden konnte. Nach dem in Vorbereitung befindlichen Gesetz wären nun Regierungs- und Ministerbeschlüsse gegen solche Annullierungen immun, während Entscheidungen der Verwaltung weiterhin wegen mangelnder Plausibilität gerichtlich annulliert werden könnten. Die Änderung könnte die Wiedereinsetzung von Deri als Gesundheits- und Innenminister ermöglichen.

Eine Armeeoperation in Dschenin ging schief, mehrere Soldaten wurden verwundet. Die Militärchefs der Hamas und des Islamischen Dschihad halten sich zu Gesprächen in Teheran auf.

20. Juni 2023

Bei einem Terroranschlag im besetzten Westjordanland wurden vier Israelis getötet, als Vergeltung für die Morde in Dschenin. Daraufhin steckten Siedler palästinensische Häuser und Felder in Brand, um die jüdischen Toten zu rächen. Der Teufelskreis geht ungebremst weiter.

Der Kandidat der Opposition hat mit überwältigender Mehrheit die Wahl zur nationalen Anwaltskammer gewonnen.

21./22. Juni 2023

Die drei Richter im Hauptverfahren gegen Netanjahu, die sich seit mehr als zwei Jahren mit der Angelegenheit befasst haben, erklärten, dass die Korruptionsanklage gegen den Ministerpräsidenten auf wackligen Beinen stehe, und empfahlen, sich um einen Vergleich zu bemühen. Eine dramatische Wendung der Ereignisse, die die Atmosphäre ganz generell verändern könnte.

JULI 2023

2. Juli 2023

Großangelegte Militäroperation im Flüchtlingslager Dschenin. Spezialkräfte und Fallschirmjäger sind im Einsatz, mit Unterstützung aus der Luft. Es handelt sich offenbar um die größte Operation seit 20 Jahren. Die Armee geht allerdings sehr vorsichtig vor und nimmt größtmögliche Rücksicht auf die Zivilbevölkerung. Es wurden große Mengen an Waffen und Sprengstoff gefunden. Die Frage ist: Wird das langfristig oder gar kurzfristig helfen? Oder wird es Netanjahu helfen?

3. Juli 2023

Terroranschlag in Tel Aviv. Acht Menschen werden verletzt, mehrere von ihnen schwer. Der Attentäter, ein Palästinenser, der illegal im Land arbeitet, erklärte, er wollte Rache nehmen für Dschenin. Er wurde erschossen.

Die Operation in Dschenin neigt sich dem Ende zu. Ein Soldat wurde im letzten Moment getötet. Netanjahu erklärte, ein solcher Einsatz werde in Zukunft so oft wiederholt werden, wie es nötig sei. Zwölf militante Palästinenser wurden getötet. CNN zufolge ist der Schaden an der Infrastruktur beträchtlich, aber, wie ich geschrieben habe und wie viele andere sagen, wird das auf lange Sicht etwas ändern? Die meisten Beobachter bezweifeln das. Jemand nannte das Ganze Acamol (Tylenol), das einem todkranken Patienten verabreicht werde.

Bei solchen Operationen frage ich mich jedes Mal aufs Neue, wie viele Israelis diesen halbbewussten Wunsch hegen, ganz Eretz Israel zu kontrollieren. Während der Kampf für die Demokratie der Kampf einer Mehrheit ist, bin ich mir nicht sicher, ob der Kampf für eine schrittweise Zweistaatenlösung denselben Anteil der Bevölkerung hinter sich vereinen würde. Das ist meiner Ansicht nach unser Grundproblem. Der internationale Druck wird den Status quo eine Zeit lang aufrechterhalten, aber ob er mehr erreichen kann, ist höchst zweifelhaft.

Was den Kampf gegen die Justizreform anbelangt, so fürchte ich, dass der Widerstand dagegen ohne großen zivilen Ungehorsam, wie ihn der frühere Ministerpräsident und Generalstabschef Ehud Barak, heute Vorsitzender einer kleinen Linkspartei, nachdrücklich befürwortet, nicht erfolgreich sein wird. Immerhin ist öffentlich davon die Rede. Die Weigerung der Reserveoffiziere, sich zum Dienst zu melden, ist Ausdruck dieser Absicht.

Zu meiner Zeit war das ein absolutes Non-Thema. Als die Regierung Begin die Annexion des Westjordanlands ins Gespräch brachte, erklärte ich in der politischen Nachrichtensendung von Yaakov Ahimeir, dass ich mich in diesem Fall weigern würde, meinen Reservedienst zu leisten. Die Reaktion kam sofort: Ahimeir sprach für den Rest der Diskussion nicht mehr mit mir, ebenso wenig wie die drei anderen Teilnehmer. Mein Telefon blieb an diesem Abend und am nächsten Tag stumm, und selbst ein Freund wie der Oberste Richter Chaim Cohn äußerte unter vier Augen seine Missbilligung. Insofern ist die Atmosphäre heute eine andere, aber wird es eine größere Bereitschaft zum Handeln geben?

4.–6. Juli 2023

Zahlreiche Demonstrationen, sowohl als Reaktion auf den erneuten Vorstoß zum Justizumbau als auch wegen der Entlassung des Polizeichefs von Tel Aviv, der als zu liberal galt. Große Proteste am Flughafen Ben Gurion, vor den Häusern der Minister, in Tel Aviv usw. Allerdings scheint das weder Netanjahu noch die Hardliner in der Koalition abzuschrecken.

8. Juli 2023

150 000 Demonstranten in Tel Aviv. Für den kommenden Dienstag ist ein riesiger Protestmarsch geplant.

9. Juli 2023

US-Präsident Biden kritisiert offen die Politik von Netanjahu. In einem CNN-Interview erklärte Biden, dass Netanjahu Probleme mit den extremsten Elementen seiner Regierung habe, dass die Situation im Westjordanland teilweise von Israel zu verantworten sei, dass eine Normalisierung der Beziehungen zwischen Israel und Saudi-Arabien in weiter Ferne liege und dass es vorerst keine Einladung für Netanjahu geben werde.

Unterdessen haben die Minister der Koalition einen beispiellosen Angriff auf die Generalstaatsanwältin gestartet, vier von ihnen forderten sogar ihre Entlassung. Das ist natürlich noch lange nicht ausgemacht. Andererseits gelang es Ben-Gvir und Smotrich, den von Netanjahu unterstützten Plan des Verteidigungsministers zu vereiteln, die Palästinensische Autonomiebehörde von Abbas als Bollwerk gegen die militanten Kämpfer im Westjordanland zu stärken; die Autonomiebehörde wird beibehalten, erhält aber keine besondere wirtschaftliche Unterstützung.

Die Öffentlichkeit ist mit der derzeitigen Politik hinsichtlich der Justizreform weitgehend unzufrieden. Glaubt man den Ergebnissen einer heute veröffentlichten Umfrage, würde die Gantz-Lapid-Opposition, wenn jetzt Wahlen abgehalten würden, 61 Prozent der Stimmen erhalten, die Koalition nur 54 Prozent. Das zeigt, dass die Operation in Dschenin dem Premierminister nicht geholfen hat. Präsident Herzog kritisierte den Angriff auf die Generalstaatsanwältin und forderte eine Rückkehr zu Gesprächen unter seiner Federführung, bevor irgendwelche Schritte unternommen werden.

10. Juli 2023

Die Koalition bereitet sich auf eine erste Abstimmung zur Aufhebung der meisten Klauseln des Angemessenheitsgesetzes vor. Wird sie die zweite und dritte Abstimmung verschieben und Herzogs Forderung nach einer Wiederaufnahme der Gespräche akzeptieren?

Es scheint, als hätten wir die Antwort auf Herzogs Drängen erhalten: Die Koalition votierte einstimmig für eine erste Lesung der Aufhebung des Angemessenheitsgesetzes. Netanjahu teilte dem Präsidenten mit, die Koalition werde nicht mehr an irgendwelchen Schlichtungsgesprächen teilnehmen.

11. Juli 2023

Riesige Demonstration am Ben-Gurion-Flughafen. Dutzende von Demonstranten werden bei ähnlichen Demonstrationen im ganzen Land verhaftet, aber der Gewerkschaftsdachverband Histadrut ist vorerst nicht bereit, zu einem Generalstreik aufzurufen.

12. Juli 2023

Am nächsten Morgen scheint das Land zur Normalität zurückzukehren. Wie seltsam. Die Vereinigten Staaten überdenken möglicherweise ihre Beziehungen zu Israel. Was könnte das bedeuten?

Die Koalition hat einen zweiten Abgeordneten, diesmal von der Partei Jüdische Stärke, in den Richterwahlausschuss berufen. Das ist ein sehr schlechtes Omen. Man kann nur entsetzt sein über das, was wie ein wilder Drang Israels zur Selbstverstümmelung oder möglicherweise zur Selbstzerstörung wirkt.

13. Juli 2023

Vor Netanjahus Amtssitz und vor der amerikanischen Botschaft finden neue Proteste statt, um die Haltung der US-Regierung zu unterstützen.

Hunderte von Piloten haben sich für verschiedene Formen des Widerstands entschieden, und die Ärzte des Landes drohen mit einem Streik. Doch vorerst hat sich im Wesentlichen nichts geändert, und die gegenwärtige Pattsituation kann noch eine ganze Weile andauern.

15. Juli 2023

Der Premierminister fühlte sich krank und wurde in die kardiologische Abteilung des Sheba-Krankenhauses in Ramat Gan gebracht. Dort wurde ihm ein Herzmonitor implantiert. Nach kurzer Beobachtungszeit wurde der Patient nach Hause entlassen.

20. Juli 2023

Die Spaltung des Landes hat sich in den letzten Tagen weiter verschärft. 1142 Piloten und andere Offiziere der Luftwaffe erklärten in einem Brief, dass sie sich nicht zum Dienst melden würden, wenn die Aufhebung der Angemessenheitsklausel nächste Woche eine zweite und dritte (endgültige) Abstimmung durchlaufen würde, wie von Levin, Rothman und Netanjahu geplant. Es heißt, dass die

Luftwaffe nicht einsatzbereit sein wird, wenn diese Drohung umgesetzt wird. Sie wurde von vielen Kommentatoren zu Recht als «Erdbeben» bezeichnet. Ich bin mir nicht sicher, ob sie ausreichen wird, um die Verabschiedung des Annullierungsgesetzes zu stoppen, es sei denn, mindestens fünf Koalitionsmitglieder stimmen dagegen.

Es sieht so aus, als könnte genau dies geschehen. Verteidigungsminister Galant kündigte an, dass ihm die Krise der Luftwaffe nicht gleichgültig sein werde und dass er am kommenden Montag seine Antwort bekannt geben wolle. Außerdem erklärte Schas-Chef Deri, auch er sei besorgt und werde wahrscheinlich Stellung beziehen. Unterdessen wissen wir, dass einige andere Likud-Mitglieder die Aufhebung der Angemessenheitsklausel möglicherweise nicht unterstützen werden. Vieles hängt natürlich davon ab, was Netanjahu ihnen allen im Geheimen sagt.

21. Juli 2023

Er ist zum mächtigsten Ausdruck der Proteste geworden: Tausende haben sich dem Marsch von Tel Aviv nach Jerusalem angeschlossen (40 000 sind es nach Angaben der Organisatoren); sie werden sich am Tag der Abstimmung vor der Knesset postieren.

Acht Uhr abends in Israel: Zehntausende haben Jerusalem erreicht und wollen morgen vor der Knesset campieren. Ich bin stolz, sagen zu können, dass mein Sohn und meine Schwiegertochter sowie meine Tochter (zu Besuch aus Berlin) unter ihnen sind. Ich wünschte so sehr, ich wäre auch dabei.

Etwa 100 000 Demonstranten haben Jerusalem erreicht und werden in Zelten im Sacher Park schlafen. Etwa 150 000 demonstrieren in Tel Aviv. Der Vorsitzende der Histadrut hat erklärt, er werde einen Generalstreik ausrufen, wenn ihm keine andere Wahl bleibe, aber er ist notorisch unzuverlässig.

Im ganzen Land steigt die Spannung in Erwartung der kommenden Tage.

Ein weiteres Drama in diesen ohnehin schon dramatischen Stunden. Der Kardiologe, der sich letzte Woche um Netanjahu gekümmert hat, wurde mitten in der Nacht gerufen: Der Premierminister braucht dringend einen Herzschrittmacher. Die für morgen früh angesetzte Kabinettssitzung mit Berichten des Verteidigungsministers und des Generalstabschefs über die zunehmende Weigerung von Reserveoffizieren, Einberufungen zu folgen, und die damit verbundene Gefahr für die Streitkräfte und die Sicherheit des Landes wurde abgesagt.

Der Premierminister ernannte Yariv Levin zu seinem vorläufigen Stellvertreter und versprach, bis zum Nachmittag zur entscheidenden Abstimmung in der Knesset zurückzukehren. Zuvor hatte er erklärt, dass alle Likud-Abgeordneten, die gegen die Annullierung der Angemessenheitsklausel stimmen würden, auf der Stelle aus der Partei ausgeschlossen würden. Ein Fanatiker ernennt den anderen Fanatiker zum Regierungschef. Da die Opposition offenbar nicht bereit ist, klein beizugeben, kann das sehr böse enden.

22./23. Juli 2023

Der Histadrut-Vorsitzende schlägt einen Kompromiss vor, den der Likud unter dem Vorwand ablehnt, dass er zu sehr dem Standpunkt der Opposition ähnele. Lapid erklärte, er akzeptiere ihn. Präsident Herzog kehrte von seinem Besuch in den USA zurück und fuhr direkt zu Netanjahu ins Krankenhaus. Er argumentiert, dass der nationale Notstand einen Kompromiss in Bezug auf den Justizumbau erfordere.

Netanjahu hat die Herzschrittmacher-Implantation überstanden und sagt, er fühle sich «erstaunlich gut», sei aber von seinen Ärzten gebeten worden, noch eine Nacht zu bleiben ... Die Abstimmung in der Knesset findet morgen statt.

Über 900 Reserveoffiziere der Geheimdienstabteilung haben angekündigt, dass sie sich nicht zum Dienst melden werden.

Der ehemalige Oberste Richter Aharon Barak sprach zu den vor der Knesset versammelten Demonstranten, ebenso wie der ehemalige israelische Präsident Reuven Rivlin. Beide warnten mit unterschiedlichen Worten vor einer drohenden Katastrophe. Sie und viele andere Beobachter, zu denen auch ich gehöre, prophezeien unheilvolle Folgen, wenn Netanjahu sich nicht auf einen Kompromiss wie den von Staatspräsident Herzog vorgeschlagenen einlässt, der von den Oppositionsführern akzeptiert, von den meisten Mitgliedern der Koalition jedoch entschieden abgelehnt wurde.

In drei Tagen ist Tischa beAv, das alljährliche Gedenken an die Zerstörung des Tempels. Nichts könnte symbolträchtiger für die gegenwärtige Situation Israels sein. In den 75 Jahren des Bestehens des Landes gab es noch nie eine Krise, die für das Überleben des Landes so entscheidend war wie die gegenwärtige.

24. Juli 2023

Die Knesset votierte mit 64 Stimmen der Koalition und bei vollständiger Enthaltung der Opposition für die Aufhebung der Angemessenheitsklausel. Vor der Abstimmung lieferten sich Verteidigungsminister Galant und der Justizminister einen heftigen Schlagabtausch, aber am Ende stimmte Galant mit der Koalition, obwohl er behauptet, angesichts der Situation bei den Streitkräften für einen Stopp der Justizreform zu sein. Warum tut er das? Die gleiche Frage kann man auch Bundespräsident Herzog stellen: Warum haben diese Leute nicht den Mut, zurückzutreten, wenn so viel auf dem Spiel steht und ihre Geste so große Bedeutung hätte?

Wird die Entscheidung der Regierung vor den Obersten Gerichtshof gebracht, bevor die Oberste Richterin Chajut in etwa einem Monat in den Ruhestand geht? Zurzeit befindet sich die Oberste Richterin in Deutschland. In aller Eile kehrt sie zurück.

In eine Rede voller Lügen über die Vergangenheit und einer wohlklingenden Beschreibung der künftigen Einheit beider Lager fügte Netanjahu seine kleinen Desinformationen ein. Er ist ein Gefangener der Extremisten in der Koalition und spricht für sie. Ihre Stimme ist seine

Stimme. Sowohl Lapid als auch Gantz antworteten mit Entschlossenheit und Würde.

Die Proteste gehen im ganzen Land mit neuer Intensität weiter, und die Polizei reagiert zunehmend mit Gewalt. Auf den Straßen hat ein langer Zermürbungskrieg begonnen.

Meine Frau Orna und ich haben unterschiedliche Ansichten über die Wirksamkeit der Demonstrationen. Ich sagte, einer ihrer wichtigsten und auffälligsten Aspekte bestehe darin, dass es sich um Proteste ohne wirkliche Wut handele, während die andere Seite voller Ressentiments und Zorn sei; das beste Beispiel sei die zunehmende Brutalität der Polizei. Ich sei erstaunt, dass die Demonstranten noch nicht ihrerseits mit Wut darauf reagierten. Orna meint, dass genau das die schöne Seite unserer Demonstrationen ist: Proteste «bon enfant» gewissermaßen. Für mich wird man ohne Wut nie zu dem einzigen Ergebnis kommen, das etwas bewirken kann: ziviler Ungehorsam.

25. Juli 2023

Die Generalstaatsanwältin spricht sich gegen die Aufhebung der Angemessenheitsklausel aus: «Sie dient dazu, Netanjahus persönliche Situation zu erleichtern.» Infolgedessen – und nach mehreren Einsprüchen beim Obersten Gerichtshof gegen die Abstimmung – wird ein Forum von elf Richtern Ende August über die Rechtmäßigkeit des Gesetzes beraten.

Andererseits wird im Hintergrund über neue Kompromissversuche zwischen den beiden gegnerischen Seiten gemunkelt.

Derweil fordern die religiösen Parteien die Verabschiedung eines neuen Gesetzes, das die Gleichstellung von Militärdienst und Torastudium vorsieht. Andernfalls werden sie die Fortsetzung des Justizumbaus nicht unterstützen. Ihre übliche Erpressungstaktik.

Nach der gestrigen Abstimmung werden schwerwiegende wirtschaftliche Folgen erwartet. Mehrere Rating-Agenturen stuften ihre Einschätzung der israelischen Kreditwürdigkeit für Investoren herab. Der Schekel und die israelischen Aktien haben nachgegeben usw.

26. Juli 2023

Staatspräsident Herzog hat Netanjahu offen als den Hauptverantwortlichen für die gegenwärtige Krise bezeichnet und als denjenigen, der sie lösen müsse, «denn er ist derjenige, der die Macht hat». Der Fraktionschef des Likud, Ofir Katz, bezeichnete die Äußerungen des Präsidenten umgehend als «unglücklich».

Der Oberste Gerichtshof wird im September mit der Debatte über die Aufhebung der Angemessenheitsklausel beginnen. Anschließend wird er sich mit Levins Weigerung befassen, den Richterwahlausschuss einzuberufen. Warum so spät?

Die Tausenden, die die letzten Nächte im Sacher Park in Jerusalem verbracht haben, berichten von der großartigen Stimmung, die bei allen herrschte, von den spontanen Freundschaften, von der Hingabe und der Fürsorge der

Menschen, die die Demonstranten mit Zelten, Lebensmitteln und Wasser versorgten und nach einigen Tagen das Gelände blitzblank reinigten. Orna sagt, es sei so ermutigend, diese wunderbare Seite unseres Volkes zu sehen. Ich stimme ihr zu, es ist ermutigend und wunderbar, aber ich fürchte, dass großartige Stimmung und vorbildlicher Bürgersinn die Fanatiker der Koalition nicht beeindrucken werden.

Heute stimmte die Knesset über ein Gesetz ab, dem zufolge jede Gemeinde mit mehr als 700 Einwohnern entscheiden kann, wer dort leben darf und wer nicht: unverhohlene Apartheid.

Vor der Verabschiedung der ersten Maßnahme der Justizreform gab es etwa 30 Ärzte oder Medizinstudenten, die über WhatsApp einen Antrag auf Auswanderung stellten. Jetzt sind es 2000. Kaum zu glauben!

Die Koalition will die Position des Generalstaatsanwalts deutlich schwächen, indem sie ein Gesetz verabschiedet, das seine bzw. ihre Befugnisse in mehrere Teile aufspaltet. Sie werden jedoch bis Oktober warten müssen, wenn die Knesset nach der Sommerpause wieder zusammentritt.

Vielleicht ist dies der richtige Zeitpunkt, um dieses Tagebuch zu beenden.

Statt eines Schlusses

Als ich anfing, dieses Tagebuch zu schrieben, hätte ich mir nie vorstellen können, dass ich es zu einem so schrecklichen Zeitpunkt abschließen muss. Doch das ist die Realität, mit der wir es zu tun haben. Wird Netanjahu in den kommenden zwei Monaten in der Lage sein, einen akzeptablen Kompromiss auszuhandeln, bevor die Fanatiker ihm mit dem Ende seiner Koalition drohen? Beides kann tatsächlich eintreten, bevor die Knesset wieder zusammentritt.

Mir fehlt die nötige Kompetenz, um vorherzusagen, wie stark die israelische Wirtschaft in den nächsten Monaten erschüttert werden wird, wie sehr die Sicherheit des Landes gefährdet sein wird, wie katastrophal das Gesundheitssystem leiden wird, ob die beiden widerstreitenden Segmente jemals einen Weg zu einer gewissen Einheit finden werden und wie der rationale Teil der Bevölkerung gegebenenfalls seinen Protestwillen aufrechterhalten wird. Das sind letztlich die entscheidenden Fragen. Aber ich will mich trotzdem noch einmal der politischen Bühne zuwenden.

Entgegen meiner düsteren Prognose und meiner rationalen Einschätzung möchte ich doch mit einem Hauch von Optimismus schließen, einem ganz leichten Optimismus, insofern die Proteste, so sie denn weitergehen, am Ende vielleicht doch irgendetwas Positives bewirken können. Ich würde also in aller Vorsicht behaupten, dass sich die gegenwärtige Koalition in nicht allzu ferner Zukunft von innen heraus auflösen wird. Der Likud wird sich in eine Partei der hartleibigen Rechten verwandeln und nicht mehr stärkste Kraft in der Knesset sein. Netanjahu wird sich aus der Politik zurückziehen und wahrscheinlich mit seinen noch anhängenden Gerichtsverfahren und mit seiner Gesundheit beschäftigt sein.

Eine wichtige Frage ist, ob Gantz und Lapid in der Lage sein werden, eine handlungsfähige Koalition aus im Wesentlichen liberalen, zentristischen und säkularen Parteien zu bilden. Mit Blick auf die Vergangenheit ist das keineswegs sicher; ihre gegenseitige Abneigung könnte dafür zu stark sein. Angesichts der üblichen Spaltung der Linken müssen wir uns womöglich auf eine Zeit des politischen Chaos einstellen, das noch verstärkt wird durch die üblichen sozialen Ressentiments und den üblichen religiösen und nationalistischen Fanatismus, die natürlich nicht verschwinden werden.

Einer aktiven Minderheit in Israel ist es gelungen, die gefährlichste Realpolitik mit einer messianischen Ideologie aufzuladen. Zusammen mit der harten Rechten und den orthodoxen Parteien kann sie ihren Willen durchsetzen. Das ist jetzt geschehen, es kann wieder geschehen und es wird wieder geschehen, wenn der heimliche messianische Drang nach ganz Eretz Israel nicht von einer Mehrheit aufgegeben wird. Gegen diesen Drang muss mit allen legalen Mitteln vorgegangen werden. Das wird für lange Zeit das Hauptziel des vernünftigen Teils unserer Gesellschaft bleiben, des liberalen und demokratischen Teils, mag er anfangs auch noch so klein sein. Aber wird dieser Teil über die nötige Kraft und Standhaftigkeit verfügen, um seine Überzeugungen und Ideale auf Dauer zu verteidigen? Wird er weiter gegen die fortwährenden Versuche dieser oder einer ähnlichen Koalition ankämpfen, die Freiheit unserer Bürger und die Chance auf eine möglichst humane und gerechte Lösung des Konflikts mit den Palästinensern zu untergraben?

Die Zukunft Israels hängt davon ab, wer in diesem Ringen obsiegt.